André Großfeld   Mirko Reeh

DIE JUNGE HESSISCHE KÜCHE
TRADITIONELL EXPERIMENTELL

Mit einer Einleitung von Michaele Scherenberg

VERLAG

🐦 Alle Rezepte sind für 4 Erwachsene ausgelegt.

Impressum

Fotos:
Andrea Enderlein, Norbert Hetkamp
Vorwort:
Michaele Scherenberg

Die junge Hessische Küche - traditionell experimentell

© 2007 B3 Verlag, Norbert Rojan, Markgrafenstraße 12, 60487 Frankfurt

Weitere Titel des B3 Verlages unter www.bedrei.de

Artwork, Satz und Umschlag: Norbert Hetkamp, Art & Rhodina
Umschlag-Motive: Andrea Enderlein

Druck und Bindung: Holtz AG, Neudrossenfeld

ISBN 978-3-938783-21-4

Inhalt

Die junge
Hessische
Küche

Was heißt hier eigentlich "jung" ?

OK - wer die Antwort wissen will - hier ist sie: 144 Seiten schwer, mit hinreißenden Fotos, die Spaß machen, mit Rezepten, die verführen, den Appetit anregen, die Zunge verrückt machen, die Augen ins Schwärmen bringen, die Geschmacksnerven vibrieren lassen. Schon mal so gekocht? Ja - diese Rezepte sind einfach scharf - auch wenn sie nicht immer scharf gewürzt sind! Jung heißt auch, denn Kochen hat immer etwas mit den Köchen zu tun, dass hier zwei außerordentlich begabte junge Könner ihrer Zunft, mit viel Kreativität etwas Neues geschaffen haben.

Seit zwei Jahren arbeite ich mit den beiden "Jungs" - Mirko Reeh und André Großfeld zusammen. Die Fernsehsendungen, die wir miteinander auf die Beine gestellt haben, kann ich schon gar nicht mehr zählen. Von "hessen à la carte" bis zu Kochwettbewerben, vom Fernsehformat in der prime-time am Abend bis zu frechen Reportagen am Nachmittag, vom Sternekoch-Event bis zum spontanen Picknick mitten im Grünen.

Und jeder der beiden - davon werden auch Sie sich gleich überzeugen - hat seine charmanten Stärken:

Mirko Reeh, der Küchenanimator, reden, kochen, lachen - alles auf einmal. Klar, dass keiner Mirkos Charme widerstehen kann bei seinen vielen, vielen Kochkursen und küchensinnlichen Spektakeln!

André Großfeld, Hessens jüngster Sternekoch. Ein verwegener Held in seinem Restaurant in Friedberg-Dorheim. Was er kocht, hat Feuer, Raffinesse, ist neu. André experimentiert mit Leidenschaft, und ich glaube, er wacht schon morgens mit neuen Rezeptideen auf.

Mirko und André - genau das richtige Köche-Duo für dieses Buch und den Anspruch, Hessens Küche einmal neu, jung und modern zu interpretieren. Denn was ist noch besser als ein guter Koch? Ein guter Koch, der uneingeschränkt bereit ist, seine hinreißendsten Rezepte und Tricks gnadenlos zu verraten. Ein Kochbuch soll schließlich nicht nur schön sein, sondern vor allem alltagstauglich!

Und das genau ist es auch, was dieses Buch zum Küchenschätzchen machen wird: die Rezepte sind alle wunderwunderbar nachzukochen - ohne Verzweiflung in der Küche, ohne Rätselraten über Mengenangaben, ohne Gewürzstress. Stattdessen mit Spaß- und Geling-Garantie!

Immer im Mittelpunkt bleibt dabei: es geht nicht nur um die "junge Küche" - sondern die "junge hessische Küche" - das heißt um Zutaten, die man hier knackfrisch erwerben kann, um Klassisches im neuen Kleid, um die Verbindung von Bekanntem mit Neuem, Regionalem mit der weiten Welt, die ja bekanntlich ein Dorf ist.

Und nun stürzen Sie sich einfach mit Appetit mitten ins Buch!

Entweder gleich losblättern und loskochen - oder erst einmal wie bei einer Speisekarte im Inhaltsverzeichnis schwelgen:

- dahinschmelzen mit Rezepten für Gourmets
- verschwenderisch kochen mit kleinem Geld,
- protzen mit Tellern die aussehen, als wären Sie selbst ein Spitzenkoch
- abfahren mit Gerichten für die Party
- genießen mit raffinierter Alltagsküche
- klar geht's auch nach draußen ins Grüne - mit Fingerfood & BBQ

Na - Appetit bekommen?

Ich bin sicher, Sie werden viel Freude mit diesem neuen Rezeptpotpourri haben!

Sollten Sie zu den Leuten gehören, die Kochbücher sammeln, kommen Sie um den Kauf eines zweiten Exemplars nicht herum! Warum? Weil eines der beiden Bücher - ich schwör`s - bald sein Fett abbekommt. Denn Sie werden es nicht mehr aus der Hand geben wollen bis Sie all die köstlichen Ideen selbst zubereitet haben. Und danach geht's ja - wie bei vielen guten Dingen - wieder von vorne los!

Also - nochmals zurück - was heißt hier "junge hessische Küche"? Frisch, frech, hinreißend, leidenschaftlich, ein bißchen verrückt, manchmal auch ganz bodenständig, genial, mit Tempo, preisbewusst, verschwenderisch, geschmackvoll, charmant und mitreißend...

Auf was warten Sie noch?

Herzliche Grüße
Michaele Scherenberg -
ich geh jetzt auch gleich was kochen!!!

...begeisterte sich schon als Schüler mehr für den Kochunterricht statt fürs "Werken".
Mit 17 wurde er Lehrling bei Sternekoch Alfons Schubeck. Die Ausbildung schloss er mit
Auszeichnung "Bester des Jahres" ab. Danach folgten "Gesellenjahre" bei weiteren
Sterneköchen wie Michael Wollenberg im "Marinas"/Hamburg und Hans Haas im
Tantris/München.

Nach seiner Lehr- und Wanderzeit kehrt er zu Schubeck zurück, zunächst in den Chiemgau, später leitet er Schubecks-Check-Inn in Egelsbach und dort lernt er seine heutige Lebenspartnerin Steffi kennen, mit der er gemeinsam 2005 sein eigenes Restaurants "Leib und Seele" - Gastraum der Sinne in Friedberg-Dorheim eröffnet, das seit September 2007 "Großfeld" heißt. 2006 folgt schon die Auszeichnung mit dem ersten Michelin-Stern.

...ging als einziger Junge in seiner Klasse in den Hauswirtschaftsunterricht. Er begann als unge-
lernter aber leidenschaftlicher Mitarbeiter seine Karriere 1992 in der Küche vom Traditionshotel
"Stern" in Bad Hersfeld. 1997 legte er seine Prüfung als Koch ab. Anschließend sammelte er in
Frankreich, Italien, Spanien und den USA Auslandserfahrung und Ideen.
2003 kehrte er nach Deutschland zurück und gründete die Kochschule Mirko Reeh in Frankfurt,
2004 seine Kochschule auf Ibiza. Parallel begann auch seine Medienkarriere im Hörfunk und

Fernsehen. Er besuchte mit seinem "Kochmobil" RTL-Zuschauer am heimischen Herd, "Quatsch mit Soße" begeistert bei Nickelodeon Kinder fürs Kochen und beim Hessischen Rundfunk ist er gleich mehrfach präsent.

Mirko stürmt für die Deutsche Nationalmannschaft der Spitzenköche und Restauranteure, die es 2006 immerhin zum Vize-Europameister brachte. Ebenfalls seit diesem Jahr betreibt er das Restaurant Wilmenrod in Königstein.

Joghurt-Brot mit Frischkäse

Zutaten:

50 g Butter
75 ml Milch
21 g Hefe
150 g Joghurt
75 ml Olivenöl
1 Ei
450 g Mehl
150 g Frischkäse
Petersilie, Dill, Paprikapulver, Kümmel, Salz & Pfeffer

Zubereitung:

Backofen auf 180 Grad vorheizen.

Butter warm stellen, bis sie weich ist. Die Milch leicht erwärmen, dann die Hefe darin auflösen. Den Joghurt und das Olivenöl hinzugeben und gut vermengen.

Das Ei trennen und das Eiweiß zur Joghurtmasse geben. Das Eigelb für später aufheben. Alle Zutaten gut vermengen. Das Mehl und einen halben Teelöffel Salz mit in die Masse einkneten und alles zusammen zu einem geschmeidigen, homogenen Teig verarbeiten. Diesen 30 Minuten ruhen lassen. Dann auf ein geöltes Blech legen. Das Eigelb mit etwas Wasser verquirlen und auf den Teig streichen. Den Brotteig 30 Minuten bei 180 Grad Umluft oder 200 Grad Ober-Unterhitze backen.

Roh marinierter Thunfisch mit eingelegtem Spargel und Ei

Zutaten:

400 g Thunfisch
2 kg frischer Spargel
4 Eier
2 Schalotten
2 Tomaten
2 El Essig
1 El Senf
6 El Öl
Salz, Zucker, Pfeffer, Zitrone, Schnittlauch

Zubereitung für den Spargel:

Den Spargel sorgfältig schälen und die
Enden ca. 1 cm abschneiden.

Zubereitung für den Spargel-Sud:

Die Schalen und die Enden in einem Topf mit kaltem
Wasser (ca. 2 Liter), Salz und Zucker zum Kochen bringen.
Dann ca. 20 Minuten ziehen lassen. Den Sud abpassieren
und wieder in einen Topf geben. Den geschälten Spargel
in Spargelsud 2 Minuten kochen und 15 Minuten ziehen lassen, dann aus dem Topf nehmen, in eine Form geben und
auskühlen lassen.

Zubereitung für die Marinade:

Die Eier hart kochen, schälen und hacken. Die Schalotten
schälen und fein würfeln. Die Tomaten enthäuten, entkernen
und würfeln. Den Schnittlauch fein schneiden. Die Schalotten
in einen kleinen Topf geben, in etwas Öl anschwitzen und den
Senf dazugeben.

Den Topf von der Platte nehmen, Öl und Essig unter ständigem Rühren dazu geben. Langsam 1 ½ l Spargelwasser einrühren. Die Marinade mit Salz, Pfeffer, Zucker und Zitrone
abschmecken. Die fertige Marinade lauwarm über den Spargel gießen und einziehen lassen.

Der Thunfisch:

Den frischen Thunfisch in dünne Scheiben
schneiden und auf einen Teller zum Marinieren legen.
Für die Marinade das gehackte Ei, die gewürfelten Tomaten
und den geschnittenen Schnittlauch mit 200 ml der Spargelmarinade
verrühren und über den Thunfisch geben.

Anrichten:

Den Spargel auf den Teller und den Thunfisch schön locker darüber
legen. Die Marinade über den Thunfisch und den Spargel verteilen.

Rucola-Melonensalat

Zutaten Salat:

250 g Rucola
600 g Fruchtfleisch einer Wassermelone
150 g Mozzarella
50 g Pinienkerne

Zutaten Dressing:

Saft einer ½ Zitrone,
2 EL dunkler Balsamico
6 EL Olivenöl
Salz & Pfeffer

Zubereitung:

Rucola säubern, trocken tupfen und fein schneiden. Melone entkernen und das Fruchtfleisch in ca. 1,5 bis 2cm große Würfel schneiden. Mozzarella ebenfalls in Würfel schneiden, Pinienkerne in einer trockenen Pfanne rösten.

Zubereitung Dressing:

Zitronensaft, Balsamico und Olivenöl verrühren und mit Salz und Pfeffer abschmecken.

Tipp:

Hierzu passt hervorragend ein würziger Serranoschinken, der in Streifen geschnitten wird und dann ebenfalls mit untergehoben werden kann.

Zander unter der Kartoffelkruste mit Sauerkrautschaum

Zutaten:

2 Zanderfilets ohne Haut

3 festkochende Kartoffeln

250 gr Sauerkraut frisch oder aus der Dose

500 ml Sahne

250 ml Milch

1 Zwiebel

20 g Butter

100 ml Weißwein

Salz, Pfeffer, Muskat, Curry

einige frische Kräuter, z.B. Petersilie, Dill, Fenchel

Zubereitung für den Zander:

Den Zander von Gräten befreien und in vier gleichmäßig große Stücke schneiden. Die Kartoffeln schälen und mit Hilfe einer Reibe grob raspeln (wie für einen Rösti). Die geriebenen Kartoffeln mit Salz, Pfeffer, Muskat würzen und mit Hilfe eines Tuches gut auspressen. Die Röstimasse auf den portionierten Fisch geben und schön formen.

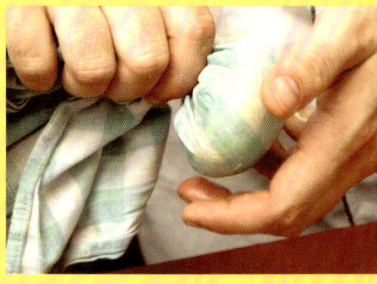

Den Zander mit der Kartoffelseite in eine vorgewärmte Pfanne mit Öl geben. Die Kartoffelschicht soll dabei in Öl schwimmen. Die Kochstelle muss auf mittlerer Hitze stehen, so wird die Kruste schön knusprig. (8 - 10 Minuten).

Ist dies geschehen, das Öl wegschütten und das Zanderfilet in der Pfanne drehen, etwas Butter und frische Kräuter hinzugeben. Der Zander braucht nur wenige Minuten, dann ist er fertig. (2-3 Minuten)

Zubereitung für den Sauerkrautschaum (Suppe):

Die Zwiebel schälen, in Würfel schneiden und in Butter anschwitzen. Etwas Curry hinzugeben und mit dem Weißwein ablöschen. Diesen auf die Hälfte reduzieren lassen. Das Sauerkraut hinzugeben und mit Milch aufgießen. Das Ganze bei mittlerer Hitze etwa 10 Minuten köcheln lassen.

Die Sauerkrautsuppe und die Sahne in eine Schüssel geben und mit dem Mixer pürieren. Mit Salz und Pfeffer abschmecken und dann servieren.

Anrichten:

Den Zander mit der Fischseite nach unten auf einen Teller legen, den Sauerkrautschaum seitlich angießen.

"Dilbaligi Kagitta"
Seezunge auf Tomatengemüse

Zutaten:

4 Seezungenfilets
3 Frühlingszwiebeln
4 Tomaten
2 Kartoffeln
je 4 Zweige Dill, Thymian und glatte Petersilie
4 EL Olivenöl
4 Lorbeerblätter
Salz, Pfeffer, Kreuzkümmel, Kardamom
2 Zitronen

Zubereitung:

Backofen auf 200 Grad vorheizen.

Die Seezungenfilets säubern, dann trocken tupfen. Die Tomaten in Scheiben schneiden. Die Kartoffeln schälen und sehr dünn schneiden. Die Frühlingszwiebeln ebenfalls fein hacken.

4 Blätter Alufolie vorbereiten. Nun jeweils immer eine Scheibe Tomate und Kartoffel, dann das Seezungenfilet auflegen. Mit Salz, Pfeffer, etwas Kreuzkümmel und etwas Kardamom würzen. Die Kräuterzweige und je ein Lorbeerblatt darauflegen, sowie eine Scheibe der Zitrone darauflegen. Mit etwas Olivenöl beträufeln. Dann einschlagen und gut verpacken. Die Päckchen auf ein Backblech legen und ca. 30 Minuten bei 180 Grad garen.

Hierzu schmeckt am besten Reis oder Couscous

Rosa gebratenes Kalbfilet mit Orangen-Chicorée und Safranschaum

Zutaten:

1 Kalbsfilet ca. 300g
50 gr Butter
8 Stk. Chicorée
300 ml Orangensaft
300 ml Sahne
1 g Safran
Stärke zum Abbinden
Salz, Pfeffer, Zucker, Sternanis, Knoblauch und Thymian

Zubereitung Filet vom Kalb bei 100°C:

Den Backofen auf 100°C vorheizen, ein Ofengitter in die mittlere Einschubleiste schieben und ein Abtropfblech darunter schieben. Das Kalbsfilet in einer Pfanne in wenig Öl bei mittlerer Hitze rundherum anbraten, auf das Ofengitter legen und in etwa 30 Minuten im Ofen rosa durchziehen lassen.

Wenn das Filet gar ist, in einer Pfanne, bei sanfter Hitze, die Butter schmelzen lassen. Die Gewürze und den frischen Thymian in die Pfanne geben. Das Fleisch darin drehen und mit Salz würzen.

Zubereitung Chicorée:

Den Orangensaft mit dem Safran, Salz, Zucker und dem Sternanis aufkochen. Den geputzten Chicorée im Ganzen in den Sud geben und bei kleiner Hitze weich schmoren. (ca. 20 Minuten)

Den Chicorée aus dem Sud nehmen und im Ofen warm stellen. Den Sud auf die Hälfte einkochen lassen und mit etwas Stärke abbinden.

Zubereitung für den Schaum

Die Hälfte des abgebundenen Suds mit der Sahne aufgießen und mixen. Das Ganze abschmecken.

Anrichten:

Zuerst den geschmorten Chicorée auf einen Teller geben, darüber den Sud ohne Sahne gießen. Darauf das Filet anrichten. Außen herum den schönen Safranschaum verteilen.

Kirsch-Mango Salat
mit Orangen-Balsamico-Dressing

Zutaten Salat:

1 Mango
1000 g Kirschen, entsteint

Zutaten Dressing:

100 ml Orangensaft
50 ml Balsamico
2 EL Zucker
1/2 TL unbehandelte Orangenschale
1 Msp. Muskatnuss, gerieben

Zubereitung:

Die Mango schälen und in mundgerechte Stücke schneiden. Die Kirschen säubern. Beides in eine Schüssel geben.

Für das Dressing alle Zutaten zum Kochen bringen. Danach leicht abkühlen lassen. Noch warm über das Obst gießen und servieren.

den
ib

Topfencreme auf Kirschragout und Kaffeeschaum

Zutaten Topfencreme:

1 Kg Quark
1 Tl Kardamompulver
1 Tl Korianderpulver
1 El Honig
1 El Zucker
1 Orange

Zubereitung Topfencreme:

Den Quark mit den Gewürzen gut verrühren. Den Saft der Orange darunter ziehen. Den angemachten Topfen in ein Tuch geben und durch ein Sieb abtropfen lassen. So braucht man keine Gelatine, und kann trotzdem schöne Nocken abstechen.

Zutaten Kirschragout:

300 g frische Kirschen
100 ml Portwein
100 ml Rotwein
50 g Zucker
Zitrone, Stärke, Kirschwasser

Zubereitung Kirschen:

Die Kirschen entkernen und halbieren. Den Zucker in einem Topf karamellisieren lassen, mit Port- und Rotwein ablöschen und um ein Drittel einkochen lassen. Den Sud mit etwas Stärke leicht abbinden. Mit Zitrone und etwas Kirschwasser abschmecken und warm über die Kirschen geben und vermengen.

Zutaten Kaffeeschaum:

300 g Sahne
50 g löslicher Kaffee
Zucker, Amaretto, Zitrone

Zubereitung Kaffeeschaum:

Drei Esslöffel der Sahne erwärmen und darin den Kaffee und einen
Löffel Zucker auflösen. Die kalte Sahne hinzugeben und
mit Hilfe eines Handrührgerätes so lange schlagen, bis ein schöner
Kaffeeschaum entsteht.

Anrichten:

Warmes Kirschragout in eine Schale geben. Mit einem Löffel kleine
Nocken aus der Topfencreme herausstechen und auf den Kirschen
absetzen. Mit dem Kaffeeschaum garnieren.

Limetten-Kokosmilch Suppe mit eingelegter Entenbrust

Zutaten Suppe:

2 Entenbrüste
4 EL süße Soja Sauce
2 Sternanis
6 Frühlingszwiebeln
1 Liter Gemüsefond
200 ml Kokosmilch
3 EL Soja Sauce
1 rote Chilischote
2 EL gehackte Korianderblätter
2 EL gehacktes Zitronengras
2 EL Stärke
2 EL Öl
Salz & Pfeffer

Zutaten Limettensirup:

2 Limetten
70 g Zucker
100 ml Wasser
2 EL Essig
1 Prise Salz

Zubereitung Entenbrust:

Den Sternanis fein mörsern und mit der süßen Sojasauce zu einer Marinade mischen. Die Entenbrüste in Streifen schneiden, dabei die Haut dran lassen. Dann mit der Marinade bestreichen und bei 190°Grad frittieren bis sie goldbraun sind. Anschließend zur Seite stellen und warm halten.

Zubereitung Limettensirup:

Die Zutaten für den Sirup in einem Topf bei mittlerer Hitze mischen. Wenn die Flüssigkeit aufkocht die geviertelten Limetten hinein geben. Noch einmal aufkochen und dann bei mittlerer Hitze 10 Minuten köcheln lassen.
Anschließend durch ein Haarsieb passieren, die Flüssigkeit auffangen, die Limetten entsorgen.

Zubereitung Suppe:

Gemüsefond und Kokosmilch zum Kochen bringen und den Sirup hinzufügen. Frühlingszwiebel in Rauten schneiden. Chili entkernen und sehr fein hacken. Beides zusammen in etwas Öl anbraten. Dann zur Suppe geben. Die Stärke mit etwas kaltem Wasser anrühren und zum Binden einrühren. Mit Sojasauce, Koriander, fein gehacktem Zitronengras, Pfeffer und Salz abschmecken.

Zum Anrichten die Entenbruststreifen in einen tiefen Teller oder in eine Tasse geben und mit der Suppe aufgießen.

Tipp: Zur Dekoration eignen sich aufgeschnittene Limetten und Zitronengrasstängel.

Die junge hessische Küche
Mirko Reeh
Iss & trink & liebe!

Flusskrebs-Törtchen im lila Nudelnest mit Safranschaum

Zutaten Törtchen:

3 Eier
400 g Ricotta
60 g Pecorino
300 g Flusskrebsschwänze
Muskatnuss
Salz & Pfeffer
Butter oder Öl zum Fetten

Zutaten lila Nudeln:

500 g Bandnudeln oder Spaghetti
500 ml Rote Beete Saft aus dem Reformhaus
1 EL Raz el Hanouf
2 EL Butter
Salz & Pfeffer

Zutaten Safranschaum:

1 Schalotte
50 ml Weißwein
300 ml Fischfond
125 ml Sahne
0,3 g Safran
40 g Butter
1 TL Stärke
1 Eiweiß
Salz & Pfeffer

Zubereitung Törtchen:

Backofen auf 200°Grad (Umluft 180°) vorheizen. Feuerfeste Förmchen mit Öl oder Butter ausstreichen, die Eier gut verquirlen. Pecorino fein reiben, dann mit dem Ricotta und den Eiern vermengen und mit Salz, Pfeffer und Muskat abschmecken. Die Förmchen etwa zu einem Drittel mit der Eimasse füllen, dann die Flusskrebse darauf verteilen und komplett mit der restlichen Masse abdecken. Im Backofen ca. 20 - 25 Minuten backen.

liebe!

Zubereitung lila Nudeln:

Nudeln al dente kochen. Rote Beete Saft von 500 ml auf 150 ml einkochen. Butter in einer Pfanne oder einem Topf schmelzen. Dann das orientalische Gewürz Raz el Hanouf (gibt es auf fast jedem Markt beim Gewürzhändler) in die Butter geben und leicht anbraten. Nudeln hinzugeben, sehr gut vermengen. Den eingekochten Rote Beete Saft hinzufügen und gut mischen, dass sich die Farbe sehr schön mit den Nudeln verbindet. Anschließend mit Salz und Pfeffer abschmecken.

Zubereitung Safranschaum:

Die Schalotte in dünne Scheiben schneiden. Mit dem Weißwein aufkochen. Den Fischfond hinzu gießen und auf 200 ml einkochen lassen. Die Sahne angießen und kurz köcheln lassen bis die Sauce sämig wird. Dann durch ein Sieb passieren und die Flüssigkeit wieder in den Topf geben. Safran mit 2 EL warmen Wasser einweichen, dann in den Sud geben und sehr gut verrühren. Kräftig mit Salz und Pfeffer würzen. Die Sauce von der Kochstelle nehmen und mit einem Schneebesen die Butter in die Sauce montieren, bei kleiner Hitze wärmen. Eiweiß mit der Stärke zu einem dichten Schnee schlagen, direkt vor dem Servieren unter die Sauce heben.

Die junge hessische Küche
André Großfeld
Iss & trink & liebe!

Knusprige Garnele auf exotischem Couscous mit Raz el Hanouf

Zutaten:

8 große Garnelen
250 g Mehl
1/8 l Milch
5 Eier
200 g Couscous
1 Orange
½ Ananas
1 Grapefruit
1 Apfel
Zucker, Salz, Erdnussöl, Raz el Hanout

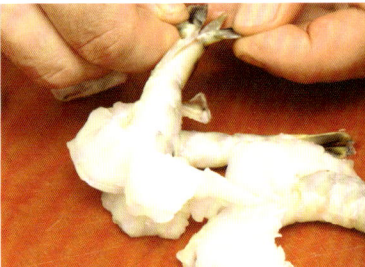

Zubereitung Couscous:

Das Obst schälen, Apfel und Ananas in 1cm große Stücke schneiden, Orange und Grapefruit filetieren. Den Fruchtsalat leicht erwärmen und das Gewürz Raz el Hanouf beigeben. Den Topf auf die Seite stellen und das Couscous einrühren, so dass noch eine dünne Schicht Fruchtsaft oben zu sehen ist. Das Couscous ca. 5 Minuten quellen lassen.

Den fertigen Salat mit etwas Salz, Zucker und Erdnussöl abschmecken.
Tipp: Frischer Koriander verleiht dem exotischen Gericht ein gewisses Etwas.

Zubereitung Garnelen:

Die Garnelen von der Schale und vom Darm befreien, gut waschen. Für den Backteig Mehl, Milch, Eier einfach vermischen und gut würzen. Die Garnelen durch den Teig ziehen und sofort in viel Öl goldbraun braten.

Anrichten:

Das Couscous auf einem flachen Teller aufhäufen. Um es etwas orientalischer zu gestalten, können die Teller reich verziert und bunt sein. Extravagant wäre es auf exotischen Fliesen, mit reichlich Ornamenten zu servieren. Die Garnelen einfach auf das Couscous legen.

Die junge hessische Küche
Mirko Reeh
Iss & trink & liebe!

Spargelsuppe mit Dill und Lachsbällchen

Zutaten Suppe:

1 kg grüner Spargel
1 L Gemüsefond
250 g Creme Fraiche
250 Sahne
8 Zweige Dill
1 TL Zucker
2 Zweige Dill zur Dekoration
Salz & Pfeffer

Zutaten Fischbällchen:

200 g Lachs
2 Eier
80 g Paniermehl
Kerbel
Salz und frisch gemahlener Pfeffer aus der Mühle

Zubereitung Spargel:

Den Spargel waschen, die harten Stellen mit einem Messer entfernen, dann in kleine Stücke schneiden. Mit dem Zucker und Gemüsefond zum Kochen bringen. Den Dill fein schneiden und in den Fond geben. Alles ca. 15 Minuten köcheln lassen. Spargelspitzen aufbewahren, Spargelstangen und Dill im Topf mit einem Pürierstab pürieren, durch ein Haarsieb passieren und mit Salz und Pfeffer abschmecken. Creme Fraiche und die Hälfte der Sahne zugeben und aufkochen lassen. Den Rest der Sahne aufschlagen.

Zubereitung Fischbällchen:

Fischfilet zwei Mal durch den Fleischwolf geben, dann mit Eiern, Kerbel, Salz und Pfeffer sowie Paniermehl vermengen. Mit feuchten Händen zu Klößchen formen und im separaten Wasser kochen, bis sie nach oben steigen.

Zum Anrichten die Lachsbällchen in einen tiefen Teller geben, Suppe darüber füllen. Die Spargelspitzen obenauf legen. Mit einem Klecks Schlagsahne, den zurückgebliebenen Dillstängeln und frischem Pfeffer servieren.

Die junge hessische Küche
André Großfeld
Iss & trink & liebe!

Hähnchenbrust mit Jakobsmuschel gefüllt, auf einem Ragout aus Lychees, Kapern und Pilzen, aromatisiert mit Arganöl

Zutaten Carpaccio

5 Hähnchenbrustfilets

4 Jakobsmuscheln ausgelöst

250 g Sahne

20 Lychees

20 g Kapern

200 g Pilze (Champions, Shitake)

1 Zwiebel

100 ml Weißwein

20 ml Arganöl

Salz, Pfeffer, frischer Thymian, Zitrone, Stärke

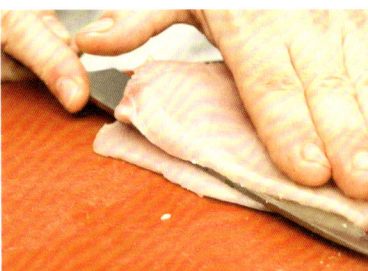

Zubereitung Hähnchenbrust gefüllt:

Die Hähnchenbrust und die Jakobsmuscheln gut waschen und trocken tupfen. Die Brüste von ihren Sehnen und der Haut befreien. Vier der Brüste längs bis zur Hälfte einschneiden und auseinander klappen. (wie einen Schmetterling)

Die fünfte Brust klein schneiden, in ein hohes Gefäß geben, Sahne, Salz, Pfeffer und frischen Thymian dazu, mit einem Stabmixer fein pürieren (Das ist eine Farce oder man sagt auch Brät). Die "Schmetterlinge" mit der Farce bestreichen (ca. 3-4 mm dick).

Die Jakobsmuscheln halbieren und auf das untere, spitzere Ende der Hähnchenbrüste legen. Das Ganze von unten zu einer Roulade zusammen rollen. Die Roulade von allen Seiten mit Salz und Pfeffer würzen und in eine Klarsichtfolie einrollen. Beim Einrollen darauf achten, dass die Luft entwichen ist.

Um eine schöne runde Form zu bekommen, wird die Roulade noch einmal in Alufolie eingerollt und leicht in Form gepresst.

Die eingerollte Hähnchenbrust bei 80°C (Umluft) etwa 25 bis 30 Minuten im Ofen garen.

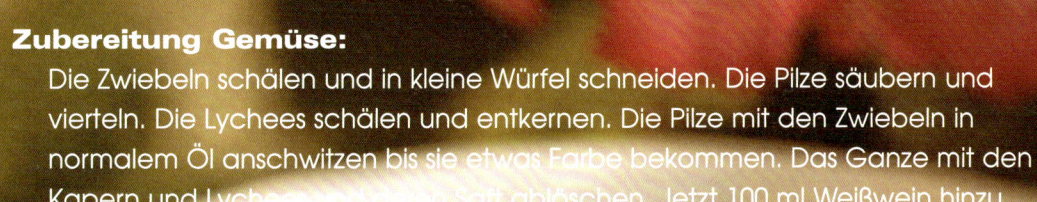

Zubereitung Gemüse:

Die Zwiebeln schälen und in kleine Würfel schneiden. Die Pilze säubern und vierteln. Die Lychees schälen und entkernen. Die Pilze mit den Zwiebeln in normalem Öl anschwitzen bis sie etwas Farbe bekommen. Das Ganze mit den Kapern und Lychees und deren Saft ablöschen. Jetzt 100 ml Weißwein hinzu geben, kurz aufkochen lassen und mit etwas Stärke abbinden. Das Gemüse abschließend mit Olivenöl, Salz, Pfeffer und Zitrone abschmecken.

Anrichten:

Das Gemüse mit dem Sud mittig auf einem Teller anrichten. Die Roulade aus der Folie nehmen, schräg halbieren und auf dem Gemüsebeet servieren.

37

Die junge hessische Küche
Mirko Reeh
Iss & trink & liebe!

Rinderfilet in Schokoladensauce mit Risotto von getrockneten Tomaten

Zutaten Rinderfilet:

4 Rinderfilets (küchenfertig) á 150 g
Olivenöl
Salz & Pfeffer

Zutaten Schokoladensauce:

1 Karotte
1 Zwiebel
2 Stangen Staudensellerie
2 EL Olivenöl
100 ml Rotwein
50 ml Portwein
6 EL Balsamico
400 ml Rinderfond
1 Lorbeerblatt
8 Pfefferkörner
80 g Zartbitterschokolade
4 - 6 EL Tomatenmark
50 g kalte Butter
Salz & Pfeffer

Zutaten Risotto:

500 g Risottoreis
100 g getrocknete Tomaten
50 g Butter
100 ml Weißwein
1 L Gemüsefond
1 Zwiebel
3 EL Tomatenmark
50 g Pinienkerne
die Schale von einer Zitrone (unbehandelt)
50 g Pecorino
50 g Parmesan
50 g Butter.

Zubereitung Rinderfilet:

Das Filet säubern und in einer heißen Edelstahlpfanne kurz anbraten. Danach kräftig mit Salz und Pfeffer würzen und im vorgeheizten Backofen ca. 10 Minuten bei 180°Grad (Umluft) garen lassen.

Zubereitung Schokoladensauce:

Das Gemüse sehr fein würfeln. In etwas Olivenöl kräftig anbraten, dann mit dem Port- und dem Rotwein sowie dem Balsamico ablöschen und aufkochen lassen. Den Fond, die Pfefferkörner, sowie das Lorbeerblatt hinzugeben und bei starker Hitze 20 Minuten kochen lassen, anschließend passieren. Den Sud in einem sauberen Topf auffangen, die Schokolade und das Tomatenmark hinzugeben und so lange köcheln lassen, bis die Sauce cremig wird. Danach mit kalter Butter montieren und mit Salz und Pfeffer abschmecken.

Zubereitung Risotto:

Die Zwiebel schön fein hacken und in der Butter andünsten. Den Reis hinzugeben und glasig dünsten, mit Weißwein ablöschen. Die getrockneten Tomaten sehr fein schneiden und mit dem Tomatenmark hinzugeben und einköcheln lassen. Dann mit einer Kelle Gemüsefond auffüllen und wiederum einköcheln lassen. Diesen Vorgang so lange wiederholen bis der Fond aufgebraucht ist. In der Zeit den Käse sehr fein reiben und die Schale der Zitrone fein abhobeln. Wenn der Reis gar ist, zusammen mit den Pinienkernen unterheben. Zum Abrunden noch etwas Butter unterrühren und mit Pfeffer und Salz abschmecken.

Die junge hessische Küche
André Großfeld
Iss & trink & liebe!

Pochierter Weinbergpfirsich
mit Himbeer-Mousse und Vanilleschaum

Zutaten:

8 Weinbergpfirsiche
100 g Zucker
1 Zitrone
1 Orange
100 ml Weißwein (Süßwein)

500 g Sahne
250 g Himbeeren, tiefgefroren
5 Blatt Gelatine
20 ml Himbeergeist
200 g Zucker

200 ml Buttermilch
100 g Zucker
1 Vanille-Schote

Zubereitung Pochierter Pfirsich:

Den Pfirsich mit einem Messer leicht anritzen und in heißem
Wasser eine Minute kochen. Danach sofort in kaltem Wasser
abschrecken. (= Blanchieren; ähnlich wird auch mit zu schä-
lenden Tomaten verfahren oder Gemüse vorbereitet)

Die Haut abziehen und den Kern mit Hilfe einer Spitzzange
herausziehen. Der Pfirsich sollte nach Möglichkeit ganz blei-
ben, daher empfiehlt es sich, weiche Früchte zu wählen.

Sud zum Pochieren:

Zucker, Weißwein, Orangen- und Zitronensaft aufkochen. Den Sud
mit etwas Stärke leicht abbinden. Jetzt die Pfirsiche in den Sud
legen und ca. 10 Minuten darin pochieren, d.h. der Sud darf nicht
kochen, die Früchte sollten gerade bedeckt sein.

Zubereitung Himbeer-Mousse:

Die Himbeeren mit dem Zucker pürieren und durch ein Sieb
streichen. Die Gelatine in kaltem Wasser einweichen. Die Sahne
steif schlagen.
Den Himbeergeist erwärmen und darin die Gelatine auflösen.
(Gelatine darf nicht kochen, sonst verliert Sie Ihre Bindung).
Ein Drittel des Himbeermarks dazugeben und miterwärmen
Das restliche Himbeermark in eine große Schüssel geben und den
warmen Teil einrühren. Etwa ein Drittel der geschlagenen Sahne
schnell mit einem Schneebesen einrühren. Den Rest der Sahne
vorsichtig unterheben, damit die Mousse schön luftig bleibt.
Die fertige Mousse für ca. 2 Std. kalt stellen.

Zubereitung Vanilleschaum:

Buttermilch, Zucker und das Mark der Vanille-Schote mit
einem Stabmixer aufschäumen.

Anrichten:

Den lauwarmen Pfirsich in einen tiefen Teller geben, darum
schöne Nocken vom Himbeer-Mousse anrichten, mit dem
Vanilleschaum dekorieren und gleich servieren.

Die junge hessische Küche
Mirko Reeh
Iss & trink & liebe!

Zitronengras-Creme Karamell mit Chili Grapefruit

Zutaten Creme:

150 g Zucker

2 Stängel Zitronengras

1 Vanilleschote

100 ml Kokosmilch

100 ml Milch

300 g Sahne

2 EL Wasser

4 Eier

Zutaten Grapefruit:

1 Grapefruit

1 TL Chilipulver

2 TL Salz

Zubereitung:

100g des Zuckers und 2 EL Wasser in einer Stilkasserolle zum karamellisieren geben. Danach sofort in vorbereitete Förmchen füllen.

Zitronengras fein hacken, mit der Milch, der Sahne und der aufgeschlitzten Vanilleschote 15 Minuten köcheln lassen, danach abseihen. Zucker mit den Eiern cremig schlagen, dann in die Flüssigkeit rühren und bei schwacher Hitze erwärmen. Ist die Flüssigkeit warm, wird die Masse in die Förmchen gefüllt, das Karamell ist nun erstarrt. Die Förmchen in ein Wasserbad setzen und bei 180 Grad im Ofen in ca. 30 Minuten zum Stocken bringen. Danach heraus nehmen und völlig erkalten lassen.

Zum Servieren werden die Förmchen vorsichtig auf den Teller gestürzt. Die Grapefruit wird filetiert, Chilipulver und Salz werden sehr gut vermengt. Danach wird die Grapefruit mit dem Chilisalz gewürzt.

Die junge hessische Küche
Mirko Reeh
Iss & trink & liebe!

Ravioli gefüllt mit Ricotta und Amarettini auf frisch geschlagener Zabaione

Zutaten Nudelteig:

500 g Mehl Typ 405
4 Eier
2 EL Olivenöl
1/2 TL Salz

Zutaten Füllung:

50 g Amaretti
200 g Ricotta
50 g Zucker
Saft einer halben Zitrone
abgeriebene Schale einer Zitrone
1 cl Amaretto

Zutaten Zabaione:

3 Eigelbe
1 Ei
120 g Zucker
80 ml Marsala

Zubereitung Nudelteig:

Die Zutaten für den Nudelteig zusammen in eine Rührschüssel geben und von der Küchenmaschine gut durchkneten lassen. Mit den Händen zu einem griffigen Teig fertig kneten und 30 Minuten ruhen lassen. Anschließend den Teig auf einer bemehlten Arbeitsfläche in Bahnen in einheitlicher Dicke ausrollen.

Übrigens: Teigreste, die beim Herstellen von Nudeln entstehen, können, wenn sie nicht durch eine Füllung schmierig geworden sind, immer wieder verwendet werden. Sie sollten in den noch nicht bearbeiteten Nudelteig eingearbeitet werden.

Zubereitung Füllung:

Die Amaretti für die Füllung ganz fein zermahlen und zur Seite stellen. Den Ricotta und den Zucker in eine Schüssel

Die junge hessische Küche
Mirko Reeh
Iss & trink & liebe!

geben und mit einem Schneebesen zu einer glatten Masse rühren. Den Saft und die abgeriebene Schale der Zitrone hinzugeben. Anschließend die fein gemahlenen Amaretti einstreuen und zum Schluss den Amaretto hinzugießen. Noch einmal kräftig durchschlagen.

Das Füllen:

Zum Füllen mit zwei Teelöffeln arbeiten. Mit einem Löffel die Füllung aufnehmen, über den zweiten Löffel streichen und wieder mit dem ersten Löffel legen. Dann wird die Füllung auf die Nudelbahn gesetzt. Es kann auch ein Spritzbeutel verwendet werden. Wichtig ist, dass ein Abstand von knapp 2 cm vom Rand eingehalten wird und von Füllung zu Füllung ein Abstand von ca. 4 cm.

Die Füllungen auf der gesamten Nudelbahn verteilen. Danach eine zweite Nudelbahn ausrollen. Diese mit etwas Wasser einstreichen, gerade so, dass die Bahn leicht klebt. Diese dann auf die erste Bahn legen.

Um die Füllungen herum, von der Mitte nach außen, den Teig andrücken, so dass dabei keine Luftblasen entstehen. Mit einem Nudelrad zuerst die unsauberen Ränder abschneiden und dann die Ravioli ausschneiden.

Für die Zabaione die Eigelbe und das ganze Ei mit dem Zucker schaumig schlagen. Den Marsala hinzugeben und im Wasserbad cremig schlagen, bis die Masse stockt und sich etwa verdoppelt hat.

Die Ravioli ca. 6 Minuten kochen, auf einem Teller anrichten und die Zabaione auf die Ravioli geben.

Mein Tipp:

Statt die Ravioli zu kochen, können sie auch frittiert werden. Wichtig dabei ist, dass Kokosfett zum Frittieren und Hartweizengrieß für den Nudelteig verwendet wird.

Knuspertüte mit Rindfleischsalat gefüllt

Zutaten:

2 Blatt Fillowteig oder Strudelteig
150 g kalter Braten oder Tafelspitz
1 Ei
1 El Ketchup
1 El Senf
1 El grüner Pfeffer
1 El Essiggurken gehackt
1 El Kapern
1 El Zwiebeln
150 ml Öl
Salz, Zucker, Pfeffer, Petersilie

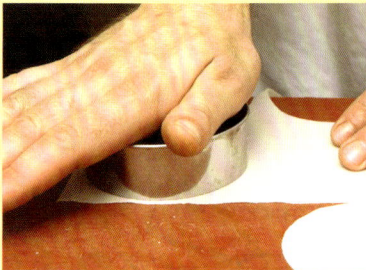

Zubereitung:

Den Teig ausrollen, runde Formen mit ca. 8 cm Durchmesser
ausstechen und um eine Kornettform wickeln. Das Ende mit
Eiweiß zukleben und dann bei 180°C in der Friteuse goldbraun ausbacken. Nachdem die Knuspertüten ausgekühlt
sind, kann man sie leicht abziehen.

Für den Teufelssalat den Braten in kleine Würfel schneiden
und die restlichen Zutaten in einen Becher mit einem
Stabmixer zu einer Mayonnaise verrühren. Das Fleisch mit
der Mayo vermischen und in die Tüten füllen.

Tipp:

Solche Knuspertüten lassen sich mit allerlei füllen, ob deftig,
pikant oder auch mit süßen Sachen. Probieren Sie es einfach mal aus.

Anrichten:

Die gefüllten Knuspertüten können auch liegend auf einem
Teller angerichtet werden: Damit der Salat nicht herausfällt,
die offenen Kanten mit ein paar Salatblättern anheben.

Kochen für

Mexikanischer Maissalat mit den Kräutern der Frankfurter Grünen Sauce

Zutaten Salat:

800 g Mais, aus der Dose
400 g Putenfleisch
je 1 rote und grüne Paprika
4 EL Sonnenblumenöl
4 EL gehackte Kräuter
1 EL Paprikapulver, scharf
8 El gehackte Kräuter der Frankfurter Grünen Soße
Salz & Pfeffer

Zutaten Dressing:

1 Zwiebel
2 EL Essig
4 TL Sonnenblumenöl
3 TL Paprikapulver, scharf
Salz & Pfeffer

Zubereitung Dressing:

Die Zwiebel fein hacken, dann mit dem Sonnenblumenöl, dem Essig, Paprikapulver, sowie Salz und Pfeffer nach Belieben und Geschmack zu einer feinen Sauce verarbeiten.

Zubereitung Salat:

Das Putenfleisch in Streifen schneiden, dann mit dem Sonnenblumenöl, den gehackten Kräutern und dem Paprikapulver 30 Minuten marinieren.
In der Zwischenzeit die Paprika in Streifen oder Würfel scheiden und in eine große Schüssel geben. Den Mais hinzufügen. Das marinierte Putenfleisch bei mittlerer Temperatur in einer beschichteten Pfanne kross anbraten, anschließend nach Geschmack mit Salz und Pfeffer würzen.
Das Dressing sowie die Kräuter unter den Maissalat heben, die Putenstreifen darauf anrichten und mit etwas Pfeffer aus der Mühle bestreuen.

Gebackener Ziegenfrischkäse auf eingelegter Aubergine mit Minze und Balsamico

Zutaten:

400 g Ziegenfrischkäse trocken
100 g Schmand
50 g Honig
100 g Semmelbrösel
Salz, Pfeffer, Trüffelöl, Zitrone

250 g Mehl
125 ml Weißwein
3 Eier
Salz, Pfeffer, Zitrone, Olivenöl

4 kleine Auberginen
100 ml Geflügelfond
50 ml Balsamico
50 g Honig
200 ml Olivenöl
100 g Minze
Salz, Zucker, Pfeffer

Zubereitung:

Die Auberginen schälen und in 1 cm. dicke Scheiben schneiden. Die Scheiben von beiden Seiten salzen und auf ein Küchenkrepp legen. Durch das Salz verliert die Aubergine Flüssigkeit und lässt sich dann besser braten.

Für die Marinade: Balsamico aufkochen und um ein Drittel reduzieren lassen. Den Geflügelfond hinzugeben und wieder um ein Drittel reduzieren. Den Fond vom Herd nehmen, den Honig und das Olivenöl einrühren. Die Minze in die lauwarme Marinade legen und mit Salz, Zucker und Pfeffer würzen.
Die Auberginenscheiben von beiden Seiten goldbraun braten und anschließend in die Marinade legen.

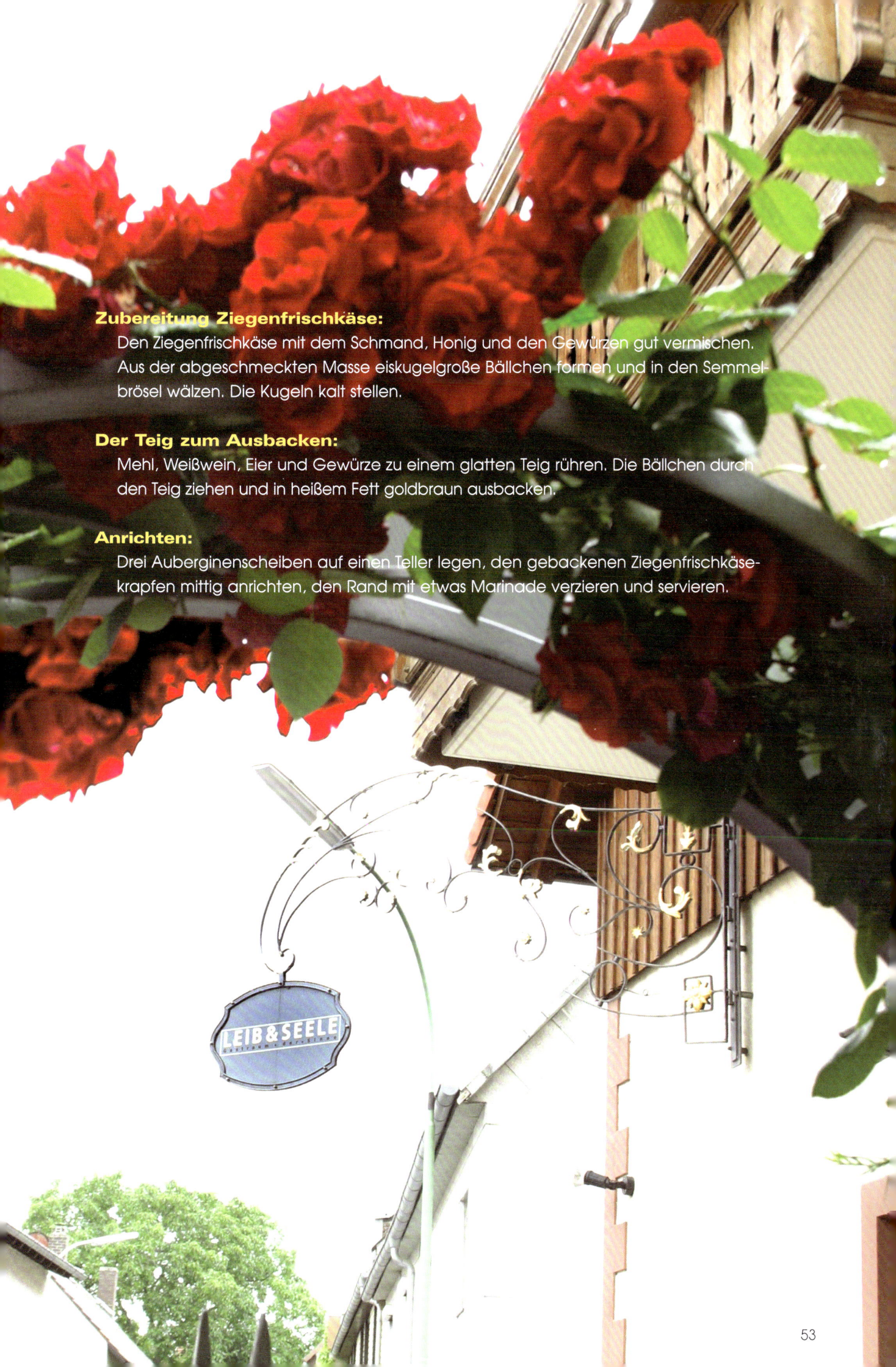

Zubereitung Ziegenfrischkäse:

Den Ziegenfrischkäse mit dem Schmand, Honig und den Gewürzen gut vermischen. Aus der abgeschmeckten Masse eiskugelgroße Bällchen formen und in den Semmelbrösel wälzen. Die Kugeln kalt stellen.

Der Teig zum Ausbacken:

Mehl, Weißwein, Eier und Gewürze zu einem glatten Teig rühren. Die Bällchen durch den Teig ziehen und in heißem Fett goldbraun ausbacken.

Anrichten:

Drei Auberginenscheiben auf einen Teller legen, den gebackenen Ziegenfrischkäsekrapfen mittig anrichten, den Rand mit etwas Marinade verzieren und servieren.

Rote Beete Suppe
mit Champagner Creme

Zutaten:

500 g gekochte Rote Beete
1 Liter Gemüsefond
3 Frühlingszwiebeln
6 + 2 EL fein geriebener Parmesan
1 TL Zitronensaft
3 EL Olivenöl
150 g Creme Fraîche
8 EL Champagner

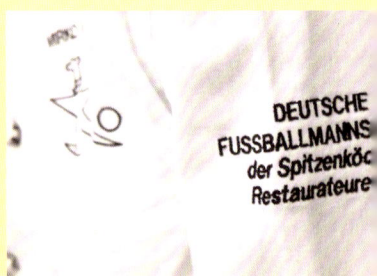

Zubereitung:

Die Rote Beete klein schneiden, dann mit etwas Olivenöl
leicht anbraten. Mit dem Fond ablöschen. Gut durchko-
chen, danach sehr fein pürieren. Die Frühlingszwiebeln fein
schneiden und unterheben, ebenfalls den Parmesan, sowie
den Zitronensaft. Mit Salz und Pfeffer würzen.

Die Creme Fraiche cremig schlagen, den Champagner
unterheben und mit etwas Salz und Pfeffer würzen. Die
Suppe in einen tiefen Teller geben, einen Klecks von der
Creme mittig hinzu geben. Mit etwas frischen Pfeffer und
Parmesan bestreuen.

Geräucherte Blumenkohlsuppe mit rohen Würfeln vom Schwertfisch im Glas serviert

Zutaten:

1 Blumenkohl klein ca. 500g

500 ml Geflügelfond

250 ml Milch

250 ml Sahne

5 ml Räucheröl

Salz, Pfeffer, Zitrone

200 g Schwertfisch

Zubereitung Blumenkohlsuppe:

Den Blumenkohl vom Strunk entfernen und grob schneiden. Die Blumenkohlstückchen im Geflügelfond bei mittlerer Hitze weich kochen (leicht salzen).

Ist der Blumenkohl soweit, die Sahne und die Milch hinzugeben und mit einem Stabmixer pürieren. Die Suppe einmal aufkochen und mit dem Räucheröl, Salz, Zucker, Pfeffer und Zitrone abschmecken.

Zubereitung Schwertfisch:

Den Schwertfisch in 1 cm große Würfel schneiden und mit Salz und Pfeffer würzen. Den Schwertfisch in Gläsern anrichten und die aufgeschäumte Blumenkohlsuppe auf den rohen Fisch gießen und servieren.

Scharfer Mangosalat
mit mariniertem Hühnchen

Zutaten mariniertes Hühnchen:

4 Hühnerbrustfilets
3 EL Zitronensaft
4 EL Nussöl
2 EL süße Sojasauce

Zutaten Salat:

1 Mango
3 EL Kokosraspeln
1 EL Korinthen oder Rosinen
1 Chilischote
1/2 TL Senfsamen
2 EL Zucker
1 EL Zitronensaft
Salz & Pfeffer

Zubereitung:

Zunächst die Hühnerbrüste säubern und trocken tupfen. Die Zutaten für die Marinade verrühren, die Hühnchen damit einstreichen und 10 Minuten marinieren.

Für den Salat die Mango schälen und in kleine Stücke schneiden. Chilischote im Ganzen in Ringe schneiden und in einer Pfanne mit den Senfsamen anrösten. Danach im Mörser oder mit einem Pürierstab fein pürieren und Zitronensaft, Zucker, Salz und Pfeffer hinzugeben.

Die Korinthen oder Rosinen kurz heiß abwaschen und mit den Kokosraspeln wie auch der Chilimischung unter die Mango heben.

Die Hühnerbrüste im vorgeheizten Backofen bei 180°Grad ca. 10 bis 15 Minuten garen, danach in dünne Stücke schneiden und auf dem Salat verteilen.

Weißes Tomaten-Mousse
mit marinierten Shrimps und Avocado

Zutaten:

4 Tomaten
250 g Dosentomaten
250 ml Sahne
4 Blatt Gelatine
frischer Basilikum
Salz, Zucker, Pfeffer, Zitrone

2 Avocado
1 Limone
Salz, Zitrone, Tabasco

200 g Shrimps

4 Tl Ketchup
1 Ei
250 ml Öl

Zubereitung Avocado:

Die Avocado halbieren und mit einem Löffel auskratzen. Das Fruchtfleisch mit einer Gabel zerdrücken, mit Limone, Salz, Tabasco abschmecken und kalt stellen.

Zubereitung Cocktailmayonnaise zum Marinieren:

Ei, Ketchup, etwas Salz und einen Schuss Zitrone in einen Messbecher geben.
Aufgepasst: Den Stabmixer auf den Boden setzen und erst dann einschalten. Der Stabmixer, bleibt so lange auf dem Boden, bis die Mayonnaise emulgiert. Erst dann den Stabmixer hoch und runter bewegen. Die fertige Mayonnaise gegebenenfalls noch nachschmecken.
Die Shrimps nun mit der Mayonnaise marinieren.

hen

Zubereitung weißes Tomaten-Mousse:

Die Dosentomaten und frischen Tomaten mit Salz, Zucker, Pfeffer
und Zitrone würzen und gut pürieren. Ein Küchentuch in ein Sieb
legen und das Püree in eine Schüssel abtropfen lassen.
Unten sollte ein klarer Fond heraustropfen.

Jetzt die Gelatine in kaltem Wasser einweichen. Etwas von dem
Tomatenfond erwärmen und darin die Gelatine auflösen. Den
Rest vom Tomatenfond dazugeben und den Fond eine halbe
Stunde kalt stellen.
Den gelierten Tomatenfond mit einem Handrührgerät aufschla-
gen. Der Fond wird nun richtig weiß und durch die Gelatine auch
schon ein bisschen fest.

Sahne schlagen und ein Drittel mit einem Schneebesen einrühren.
Die anderen zwei Drittel dann vorsichtig unterheben.

Anrichten:

Zuerst die Avocadocreme in ein Glas (Martini, Whisky, Cocktail)
füllen, dann die marinierten Shrimps und zu guter Letzt die weiße
Tomaten-Mousse.

Kartoffelpasta auf Wildschweinsugo

Zutaten Pasta:

100g Kartoffeln

300 g Mehl

2 Eier

1 Prise Salz

Zutaten Sugo:

500 g Wildschwein

1 Zwiebel

1 Knoblauchzehe

1 Möhre

1 Stange Staudensellerie

1 Zitrone

300 g Tomaten

3 EL Tomatenmark

1 Zweig Salbei

2 Zweige Rosmarin

125 ml Weißwein

100 ml Gemüsefond

2 EL Olivenöl

Salz & Pfeffer

sowie: 6 EL Parmesan

Zubereitung Pasta:

Kartoffeln schälen, klein schneiden und weich kochen. Direkt danach stampfen oder durch eine Kartoffelpresse drücken und auskühlen lassen.

Die abgekühlten Kartoffeln dann mit Mehl, Eiern und einer Prise Salz zu einem homogenen Teig verkneten. 30 Minuten ruhen lassen, damit sich alles gut vermischen kann. Danach mit einer Nudelmaschine zu breiten Nudeln verarbeiten.

Zubereitung Sugo:

Knoblauch und Zwiebeln klein würfeln. Das Gemüse und das Fleisch in sehr feine Stücke schneiden. Kräuter sehr fein hacken und die Zitrone abreiben.

Zunächst die Zwiebeln und den Knoblauch im Olivenöl andünsten, danach das Fleisch hinzugeben und gut anbraten. Tomatenmark hinzugeben und weiter braten. Gemüse hinzufügen, anbraten, danach die Kräuter unterheben und mit Weißwein und Gemüsefond ablöschen. Ca. 30 Minuten garen lassen, dann mit Salz und Pfeffer würzen. Ist das Sugo fertig, die Pasta unterheben und mit etwas Parmesan bestreuen.

Die junge hessische Küche
André Großfeld
Gerichte, die viel hermachen

Gebeizter Lachs mit Honig Dill-Senf-Sauce

Zutaten:

1 kg Lachsfilet
70 g Petersilie
200 g Dill
5 g Koriander
5 g Pfefferkörner
200 ml Essig
100 ml Olivenöl
50 g Salz
10 g Zucker
10 g Wacholder

500 g Schmand
100 g Honig
50 g Dill
50 g Senf, scharf
Salz, Pfeffer, Zitrone

Zubereitung Lachs:

Die Kräuter klein schneiden, Pfeffer und Wacholder zerstoßen. Mit Essig, Öl, Salz und Zucker vermengen und alles tüchtig rühren. Den Lachs damit einreiben, in eine Schale legen und mit Folie abdecken. 24 - 48 Stunden ziehen lassen.

Zubereitung Honig-Dill-Senf-Sauce:

Den Dill fein schneiden. Schmand, Honig, Senf gut verrühren und den Dill beimischen. Mit Salz, Pfeffer und Zitronensaft abschmecken.

Anrichten:

Den Lachs aus der Beize nehmen und dann in schöne Tranchen
dünn aufschneiden. (Der gebeizte Lachs schmeckt richtig lecker, wenn
er etwa 3 mm dick aufgeschnitten wird.) Auf einen Teller einen
Soßenspiegel ziehen und den Lachs als Rosen darauf anrichten.

Die junge hessische Küche
Mirko Reeh
Gerichte, die viel hermachen

Hühnerbrust in Blätterteig auf Tagliatelle in Trüffel- und Rote Beetesud

Zutaten Hühnerbrust:

2 Hühnerbrüste
1/2 gelbe Paprika
1/2 rote Paprika
50 g getrocknete Pilze
1 Ei
4 Platten fertiger Blätterteig
Salz & Pfeffer
Öl zum Fritieren

Zutaten Trüffelsud:

1 Schalotte
2 EL Butter
50 ml Noilly Prat (trockener Vermouth)
50 ml trockener Weißwein
250 ml Geflügelfond
250 ml Sahne
50 g + 1 El eiskalte Butter
3 EL Trüffelöl
2 EL Rote Beete Saft
sowie: 500 g Tagliatelle

Zubereitung Hühnerbrust:

Die Hühnerbrust der Länge nach teilen, dann zwischen eine Folie legen und plattieren. Danach mit Salz und Pfeffer würzen.
Die Paprika in kleine Würfel schneiden. Die getrockneten Pilze erst einweichen, dann ausdrücken und ebenfalls sehr fein schneiden und mit den Paprikawürfeln mischen. Das Ei cremig aufschlagen, dann unterheben und mit Salz und Pfeffer würzen. Die Füllung nun auf die Hühnerbrust geben und diese einrollen.

Den Blätterteig auf das Doppelte ausrollen, die Hühnerbrust darin einrollen und in Öl ca. 6 - 8 Minuten goldbraun ausbacken. Anschließend ca. 6 - 8 Minuten im vorgeheizten Backofen bei 200 Grad wärmen.

p

Zubereitung Trüffelsud:

Die Schalotte fein hacken und mit den zwei EL Butter anbraten. Mit dem Noilly Prat und dem Weißwein ablöschen und aufkochen lassen. Den Geflügelfond hinzugeben und auf die Hälfte einkochen lassen. Die Sahne hinzufügen und wieder auf die Hälfte einkochen lassen. Das Ganze durch ein Haarsieb passieren. Sud auffangen wieder zum Kochen bringen. Ca. 50 ml in eine separate Kasserolle geben, den Rote Beete Saft hinzufügen und köcheln lassen. Dann mit der Butter aufschäumen. Das Trüffelöl nun zum Großteil des Weißwein-Suds geben. Anschließend beide Saucen mit Pfeffer und Salz abschmecken.
Sowie: Die Pasta al dente kochen.

Die junge hessische Küche
André Großfeld
Gerichte, die viel hermachen

Pochiertes Bio-Ei mit Stachys, Topinambur-Pürée und Trüffel

Zutaten:

4 Bio Eier
200 g Stachies (Crosnes)
400 g Topinambur
100 ml Sherry
200 ml Sahne
200 ml Geflügelfond
2 Stk. Schalotten
1 Tl. Trüffelöl
1 Stk. Trüffel
Speisestärke
Salz, Zucker, Pfeffer, Petersilie

Zubereitung für das Pürée:

Die Topinambur schälen, waschen und in Würfel schneiden. Dann eine klein geschnittene Schalotte in etwas Butter anschwitzen und mit der Hälfte des Sherrys ablöschen. Die Topinambur hinzugeben und mit der Hälfte des Geflügelfonds aufgießen. Mit Salz, Zucker und Pfeffer würzen. Das Pürée bei geschlossenem Topf und mittlerer Hitze 10 bis 15 Minuten schmoren. Ist das Gemüse weich gegart, mit dem Zauberstab mixen und gegebenenfalls nochmals abschmecken.

Zubereitung für den Trüffelschaum :

Die zweite Schalotte in etwas Butter anschwitzen, mit dem Rest Sherry ablöschen und den Rest der Geflügelbrühe zugießen. Den Ansatz um die Hälfte einkochen lassen, anschließend die Sahne zugeben. Die Soße mit Salz, Pfeffer und dem Trüffelöl abschmecken. Die fertige Soße mit etwas Stärke andicken.
Vor dem Servieren mit dem Mixer aufschäumen.

Das pochierte Bio-Ei:

Einen Topf mit Wasser und einem Schuss Essig zum Kochen bringen. Die Eier aus der Schale in eine Tasse geben. (Pro Tasse ein Ei) Das kochende Wasser mit Hilfe eines Löffels umrühren und die Eier vorsichtig aus der Tasse hineingleiten lassen. Den Topf vom Herd nehmen und bei vorsichtigem Rühren ca. 4 min. ziehen lassen.

Die Stachys:

Die Stachies gut waschen und gegebenenfalls nicht so schöne Stellen mit dem Messer säubern. Das geputzte Gemüse in etwas Butter langsam anschwitzen, mit Salz und Pfeffer würzen. Die Stachies brauchen etwa 5 Minuten bis sie gar sind. Zum Schluss etwas fein geschnittene Petersilie beigeben.

Anrichten:

Das Püree als Spiegel auf einem tiefen Teller verteilen. Die Stachies locker darüber streuen. Das pochierte Ei in die Mitte setzen und mit dem aufgeschäumten Trüffelschaum übergießen. Den frischen Trüffel vor dem Gast darüber hobeln.

Die junge hessische Küche
Mirko Reeh
Gerichte, die viel hermachen

Rinderfilet in Senfkruste mit "Grie Soß" und Backkartoffeln

Zutaten "Grie Soß":

4 Eier, gekocht
1 Eigelb
1/4 L saure Sahne
4 EL ÖL
Saft einer Zitrone
1 EL Senf
Salz und Pfeffer
nach Belieben und Geschmack 1 Bund (125 g) mit
      folgenden Kräutern: Schnittlauch, Petersilie,
      Kerbel, Borretsch, Pimpinelle, Sauerampfer, Kresse.

Zutaten Backkartoffeln:

400 g Kartoffeln
1 El fein gehacktes Rosmarin
2 El grobes Meersalz
6 EL Olivenöl

Zutaten Rinderfilet:

4 Rinderfilets, küchenfertig (á 150 g)
4 EL Olivenöl
1 EL weißer Balsamico
4 EL grober Senf
Salz & Pfeffer

Zubereitung "Grie Soß":

Die gekochten Eier zunächst klein hacken, mit dem Eigelb und der sauren Sahne gut mischen. Öl hinzugeben und mit Zitronensaft, dem Senf, Pfeffer und Salz abschmecken. Die Kräuter fein hacken und unter die Soße geben.

Zubereitung Backkartoffeln:

Die Kartoffeln halbieren und auf ein Backblech setzen. Den fein gehackten Rosmarin mit dem Salz und dem Öl mörsern. Danach die Kartoffeln damit einpinseln.

Zubereitung Rinderfilet:
Rinderfilet säubern. Olivenöl und Balsamico mit dem groben Sen...
mischen und das Rinderfilet damit marinieren. Nach 10 Minuten in...
eine tiefe Auflaufform geben, mit Salz und Pfeffer abschmecken.
Im Backofen bei 180°Grad 10 - 12 Minuten garen.

Die junge hessische Küche
André Großfeld
Gerichte, die viel hermachen

Rosa gebratenes Roastbeef auf rotem Zwiebelkonfit mit Arganöl

Zutaten rosa gebratenes Roastbeef:

1 Kg Roastbeef

10 rote Zwiebeln

½ Fl. Portwein

½ Fl. Rotwein

10 g Arganöl oder Erdnussöl

50 g Butter

Salz, Zucker, Pfeffer, Thymian, Knoblauch

Zubereitung Roastbeef im Ganzen:

Das Fleisch von Sehnen und Fett befreien, von allen Seiten gut würzen und in einer Pfanne heiß anbraten, so dass sich alle Poren schließen.

Tipp: Lieber die Hitze auf ¾ stellen (dauert etwas länger, aber es brennt nicht so schnell an).

Das angebratene Fleisch auf ein Gitter legen und bei 80ºC ca. 1 bis 1 1/2 Stunden bei Umluft garen.

Tipp: Durch das Garen bei niedriger Temperatur wird das Fleisch durch und durch rosa, und gleichmäßig warm. Zusätzlich entsteht ein größeres Zeitfenster, denn ob das Fleisch nun 10 oder 20 Minuten länger im Ofen ist, macht bei der niedrigen Temperatur nicht sehr viel aus. Die optimale Temperatur um Fleisch länger warm zu halten liegt zwischen 60ºC und 80ºC.

Das fertig gegarte Fleisch nun in der Pfanne in Butter mit Knoblauch und Thymian nachbraten. Ganz wichtig: Beim Aufschneiden unbedingt auf der Schnittfläche nachsalzen.

Zubereitung Zwiebelkonfit:

Die Zwiebeln schälen und in lange Streifen schneiden. In einem Topf drei Esslöffel Zucker karamellisieren, mit Port- und Rotwein ablöschen und um ein Drittel einkochen. Die Zwiebeln hinzugeben und unter ständigem Rühren weich garen. Das Zwiebelkonfit mit den Gewürzen und Kräutern abschmecken und mit dem Öl aromatisieren.

Anrichten:
Das Zwiebelkonfit mittig auf einen Teller geben und eine Scheibe vom Roastbeef darauf anrichten.

Die junge hessische Küche
André Großfeld
Gerichte, die viel hermachen

Chili Windbeutel gefüllt mit Kalbsfilet und flambiertem Pfirsich

Zutaten Windbeutel:

90 g Butter
300 ml Wasser
150 g Mehl
4 Eier
2 TL Chilipulver

Weitere Zutaten:

4 Pfirsiche
500 g Kalbsfilet
50 ml Wodka
200g Creme Fine (vegetarische Creme Fraiche)
3 EL Balsamico
1 EL Curry
Salz & Pfeffer

Zubereitung Windbeutel:

Zunächst wird der Backofen auf 240°Grad vorgeheizt. Ein Backblech mit Wasser beträufeln. Für den Teig wird das Wasser und die Butter in einen Topf gegeben und erhitzt. Wenn die Mischung zu kochen beginnt und die Butter schmilzt, wird die Mischung von der Hitze genommen und das Mehl und das Chilipulver hinzu gegeben. Das Ganze wieder auf den Herd stellen und unter ständigem Rühren 3 Minuten "abbrennen" lassen, bis sich die Masse zu einem Kloß bildet und gut vom Topfboden löst. Dann aus dem Topf nehmen und in eine Schüssel geben. Nach und nach die Eier einarbeiten, dann jeweils 2 - 3 EL vom Teig auf das Backblech geben. Mindestens 10 cm Abstand zwischen den Teighäufchen halten, es sollten 12 Teighäufchen ergeben. Die Hitze auf 210° Grad reduzieren und das Ganze ca. 20 Minuten backen. Die Häufchen mit etwas Wasser beträufeln, bevor sie in den Backofen geschoben werden. Nach der Hälfte der Zeit die Windbeutel oben anritzen.

Zubereitung Füllung:

Den Pfirsich in Scheiben schneiden, dann ohne Flüssigkeit oder Öl anbraten. Mit Wodka ablöschen. Anzünden und ausbrennen lassen. Danach die restlichen Zutaten bis auf das Kalbsfilet hinzu geben. Leicht köcheln lassen danach kräftig würzen. Das Filet säubern in dünne Scheiben schneiden. Dem Sud hinzugeben und ca. 5 Minuten weiter köcheln lassen. Danach abschmecken. In die Windbeutel füllen und direkt servieren.

Die junge hessische Küche
André Großfeld
Gerichte, die viel hermachen

Halbflüssiger Schokoladenkuchen mit Pfefferfeigen

Zutaten:

170 g Schokolade bitter (mind. 56% Kakaobutter)
170 g Butter
6 Eier
275 g Zucker
90 g Mehl

500 g Feigen
100 ml Portwein
100 ml Rotwein
50 g Zucker
1 Tl Weißer Pfeffer zerstoßen
alter Balsamico

Zubereitung Schokokuchen :

Die Schokolade auf 37°C temperieren und in eine Schüssel geben, mit Hilfe eines Rührgeräts die Butter, den Zucker, die Eiern und zuletzt das Mehl unterrühren und einen glatten Teig herstellen.
Souffléformen mit Butter gut auspinseln und mit Zucker bestreuen. Die Masse in die gebutterten Souffléförmchen geben und bei 230°C 6 Minuten in den Backofen schieben.

Zubereitung Pfefferfeigen:

Den Zucker in einem Topf karamellisieren lassen und dann mit Portwein und Rotwein ablöschen. Den Wein um die Hälfte einkochen, mit dem Balsamico abschmecken und mit etwas Stärke abbinden.
Die Feigen schälen, halbieren und in den noch warmen Sud legen und ziehen lassen. Mit dem Pfeffer richtig schön würzen. Ein Spritzer Zitronensaft frischt das Feigenragout ein bisschen auf.

Anrichten:

Den Schokoladenkuchen in den Förmchen servieren und die Feigen separat dazu reichen. Als kleine Zugabe kann man noch eine Kugel Eis auf die Feigen setzen.

Die junge hessische Küche
Mirko Reeh
Gerichte, die viel hermachen

Schokoladenküchlein im würzigen Kirschenkompott und Vanilleschaum

Zutaten Kompott:

300 g Kirschen
10 g Ingwer
1 Vanilleschote
1 Prise Chili
2 EL Honig
die Schale einer Orange (unbehandelt)
100 ml Orangen-Saft
Süßwein
½ TL Stärke
2 EL Wasser

Zutaten Küchlein:

100 g Kuvertüre
50 g Puderzucker
50 g weiche Butter
4 Eier
50 g geschälte und geriebene Mandeln
1 EL Zucker, gehäuft

Zutaten Vanilleschaum:

100 ml Sahne
1 Eigelb
1 Eiweiß
1 Vanilleschote
½ EL Stärke

Zubereitung Küchlein:

Im Wasserbad wird zunächst die Kuvertüre geschmolzen. Die Butter muss bereits einige Zeit vor der Verwendung aus dem Kühlschrank geholt werden, damit sie dann mit dem Puderzucker schaumig aufgeschlagen werden kann. Eier trennen. Das Eigelb nun in die Masse einrühren, dabei weiter schlagen, so dass die Masse nicht kippt und zusammenfällt. Die flüssige Kuvertüre einlaufen lassen und weiter schlagen. Dann Zucker und Mandeln hinzugeben. Zum Schluss Eiweiß steif schlagen und vorsichtig unterheben. Im vorgeheizten Backofen bei 180°Grad Umluft 20 - 25 Minuten backen.

Zubereitung Kompott:

Die Kirschen entkernen, Ingwer fein reiben. Vanilleschote erst massieren, dann auskratzen. Den Saft der Orange mit dem Honig karamellisieren, dann mit dem Süßwein ablöschen. Nach und nach die restlichen Zutaten hinzufügen und leicht köcheln lassen. Zum Schluss die Stärke mit kaltem Wasser anrühren und hinzufügen. So lange köcheln lassen bis der Kompott schön eingekocht ist.

Zubereitung Vanilleschaum:

Vanille auskratzen und mit der Sahne zum Kochen bringen. Dann von der Kochstelle nehmen, das Eigelb mit der Stärke verrühren und in die Sahne rühren. Bei leichter Hitze cremig werden lassen. Zu guter Letzt das Eiweiß steif schlagen und in die Sahne rühren.

Die junge hessische Küche
Mirko Reeh
Gerichte, die viel hermachen

Melonensorbet in Basilikum Gelee

Zutaten Gelee:

Saft von einer Limette

50 g Basilikum

4 Blatt Gelatine

2 EL Puderzucker

200 ml Weiswein

Zutaten Sorbet:

800 g Fruchtfleisch einer Wassermelone

den Saft von einer Limette und die Schale

100 g Zucker

200 ml Wasser

Zubereitung Gelee:

Limette auspressen, Basilikum klein schneiden. Gelatine ein-weichen. Dann alle Zutaten bis auf die Gelatine in einem Mixer geben und fein pürieren. Anschließend abschmecken, sollte die Flüssigkeit nicht süß genug sein, kann noch etwas Puderzucker hinzugegeben werden.

Zum Schluss die Gelatine ausdrücken, mit 2 EL Wasser in einer Stielkasserolle erwärmen und gut schaumig schlagen. Dann unter die Flüssigkeit geben, in Förmchen füllen und im Tiefkühler fest werden lassen.

Zubereitung Sorbet:

Zucker und Wasser zum Kochen bringen und 8 Minuten köcheln lassen. Melone klein schneiden, entkernen und fein pürieren. Den Sirup, den Limettensaft sowie die Schale hinzu-fügen und noch mal gut pürieren. Danach in eine Eismaschine geben und zu Sorbet kristallisieren lassen. Sollte keine Eismaschine vorhanden sein, die Flüssigkeit in einen hohen Behälter geben und im Tiefkühler ca. 3 Stunden gefrie-ren lassen, danach nochmals pürieren.

Mit dem Gelee servieren.

Die junge hessische Küche
Mirko Reeh
Gerichte, die viel hermachen

Rinderfilet im Vanilleschaum und schwarzem Trüffel

Zutaten:

4 Rinderfilets á 120 g, küchenfertig
20 g Trüffel
1 Vanilleschote
200 ml Sahne
3 Eiweiß
1 TL Stärke

Salz und frisch gemahlener Pfeffer aus der Mühle

Zubereitung:

Die Rinderfilets abspülen und trocken tupfen. Mit etwas Olivenöl in einer Edelstahlpfanne kurz von beiden Seiten anbraten. Danach nur von einer Seite mit Salz und Pfeffer würzen. Mit der Pfanne bei 180°Grad im Backofen zart rosa durchgaren, ca. 8 bis 10 Minuten.

Vanilleschaum: Sahne zum Kochen bringen. Das Mark der Vanilleschote in der Sahne aufkochen Stärke in 1 EL Wasser auflösen und mit einem Schneebesen unterheben. Mit Salz und etwas Pfeffer würzen. Das Eiweiß steif schlagen und unter die Vanillemischung heben. Zum Servieren den Vanilleschaum in einen tiefen Teller geben, das Filet mittig einsetzen und den Trüffel frisch darüber hobeln.

Die junge hessische Küche
Mirko Reeh
Gerichte, die viel hermachen

Lammrücken auf Zucchini-Spinat Gratin

Zutaten Tomatensauce:

50 ml Olivenöl

8 Tomaten

1 Zweig Oregano

1 Zweig Basilikum

100 ml Gemüsefond

Salz & Pfeffer

Zutaten Gratin:

4 Zucchinis

200 g Spinat

1 El Rosinen

1 TL gehackten Rosmarin

2 EL Butter

100 g Gruyére, gerieben

4 EL Butter

50 ml Olivenöl

Salz & Pfeffer

Zutaten Lammrücken:

600 g Lammrücken

2 Thymianzweige

8 EL Olivenöl

1 EL zerstoßene Pfefferkörner

Salz

Alufolie

Zubereitung Tomatensauce:

Die Tomaten überbrühen, enthäuten, klein schneiden. Die Kräuter zupfen, klein schneiden. Das Olivenöl in einer Kasserolle erhitzen, dann die Tomatenwürfel hinzu geben, gut anschwitzen lassen. Die Kräuter hinzugeben. Den Gemüsefond einköcheln lassen bis er eine soßenartige Konsistenz bekommt, danach mit Salz & Pfeffer würzen.

Zubereitung Gratin:

Zucchini in Scheiben schneiden, im heißen Salzwasser 1 Minute blanchieren, herausnehmen und kalt abschrecken. Den Spinat ebenfalls kurz blanchieren. Butter erhitzen und den Spinat darin anschwitzen, Rosmarin und Rosinen hinzugeben, danach würzen.

Die Tomatensauce in eine tiefe Kasserolle geben, den Spinat und die Zucchinischeiben darauf anrichten, mit dem geriebenen Käse bedecken, danach Butterflöckchen und das Olivenöl darüber geben. Im Backofen bei 180° Grad 20 Minuten gratinieren.

Zubereitung Lamm:

Den Lammrücken von Sehnen befreien, mit etwas Olivenöl scharf anbraten. In eine tiefe Kasserolle geben, mit Thymian dem zerstoßenen Pfeffer sowie Salz würzen, danach im Backofen bei 180° Grad ca. 25 bis 30 Minuten mit Alufolie bedeckt garen.

Die junge hessische Küche
Mirko Reeh
Gerichte, die viel hermachen

Carpaccio von Erdbeeren an Safran Grießtörtchen in Blaubeersauce

Zutaten Carpaccio:

1 kg Erdbeeren
50 ml weißer Balsamico
6 EL Zucker

Zutaten Grießtörtchen:

150 g Quark (20 % Fett)
50 g Grieß
1/2 Zitrone, unbehandelt
125 ml Milch
1 Döschen Safran
3 Eigelb
3 Eiweiß
1 EL Zucker

Zutaten Sauce:

250 g Blaubeeren
4 EL Zucker
50 ml Weißwein

Zubereitung Carpaccio:

Die Erdbeeren säubern und in mundgerechte Stücke schneiden, danach in eine Schüssel geben. Den Balsamico und den Zucker unterheben und 30 Minuten kalt stellen, danach in ein Sieb geben und abtropfen lassen.

Zubereitung Grießtörtchen:

Schritt 1:

Die Milch mit dem Safran aufkochen, den Grieß einrühren und einige Minuten köcheln lassen. Danach zur Seite stellen.

Schritt 2:

Das Eigelb mit dem Quark gut verrühren, danach mit dem Zitronensaft und der abgeriebenen Schale der Zitrone würzen.

Schritt 3:

Das Eiweiß mit dem Zucker zu einer cremigen Masse schlagen.

Dann alle drei Komponenten gut verrühren. Anschließend in Förmchen oder Espressotassen füllen. Ein Backblech mit etwas Wasser auffüllen und die Förmchen bzw. die Espressotassen darauf stellen, so dass sie zu einem Drittel im Wasser stehen. Das Ganze ca. 25 Minuten bei 180° Grad pochieren.

Zubereitung Sauce:

Die Blaubeeren im Weißwein mit dem Zucker 10 Minuten kochen. Dann pürieren und durch ein Haarsieb streichen. Zurück in den Topf geben und auf die Hälfte einkochen lassen. Danach nach Belieben noch mit Zucker abschmecken.

Die junge hessische Küche
Mirko Reeh
Praktikable Alltagsküche - auch für Singles

Spaghetti al Lemon

Zutaten Pasta:

500 g Mehl (Typ 405)
4 Eier
2 EL Olivenöl
1/2 Tl Salz

oder: 500 g Spaghetti

Sowie:

3 unbehandelte Zitronen
1 Bund Rucola
3 Frühlingszwiebeln
80 g geriebener Parmesan
125 g Butter
Salz und Pfeffer

Zubereitung Pasta:

Alle Zutaten zu einem glatten Teig verkneten, ist der Teig zu fest, etwas Wasser hinzugeben, ist der Teig zu feucht bzw. zu weich etwas Mehl einkneten. Den Teig ca. 30 Minuten ruhen lassen. Danach mit einer Nudelmaschine Spaghetti herstellen. Die Spaghetti ca. 2 - 3 Minuten kochen.
Die Spaghetti buttern und warm stellen. Zitronen reiben oder mit einem Fadenschneider abziehen und in eine Schüssel geben. Den Saft zweier Zitronen hinzugeben. Die Frühlingszwiebeln in kleine feine Streifen schneiden und zu den Schalen und dem Zitronensaft geben. Den Rucola grob hacken und ebenfalls in die Schüssel geben. Mit Salz und Pfeffer abschmecken.

Die Masse dann unter die warmgehaltenen und gebutterten Spaghetti geben und gut vermengen.

Zum Schluss den Parmesan vorsichtig unterheben und mit frischem Pfeffer nachwürzen.

Die junge hessische Küche
André Großfeld
Praktikable Alltagsküche - auch für Singles

Sanft gegarte Maispoulardenbrust auf Tomaten-Zucchinigemüse mit Basilikumschaum

Zutaten Maispoularde:

4 Maispoulardenbrüste mit Haut und Schenkeln

2-4 Zucchini

300 g Kirschtomaten

1 Bd. Basilikum

200 ml Sahne

50 gr Butter

etwas Stärke zum Binden

Olivenöl, Salz, Pfeffer, Zitrone, Knoblauch

Maispoularde bei niedriger Temperatur:

Die Maispoularde von den Schenkeln befreien (die Schenkel werden für die Soße gebraucht).

Die Brüste von beiden Seiten gut salzen und pfeffern. Die gewürzte Brust auf einen gebutterten Teller legen, auch auf die Brust etwas Butter geben. Das Ganze wird nun mit einer Frischhaltefolie überspannt und bei 80°C Umluft für ca. 15 - 20 Minuten in den Ofen gegeben.

Nachdem die Brust gegart ist, in einer Pfanne etwas Öl erwärmen (halbe Hitze), die Brust auf der Hautseite in die Pfanne geben und schön goldbraun knusprig braten.

Zubereitung Basilikumsoße:

Für die Soße die Schenkel der Maispoularde mit 250 ml Wasser aufkochen und dann 15 Minuten ziehen lassen. Die Sahne aufgießen und nochmals 5 Minuten ziehen lassen. Das Ganze durch ein Sieb geben, mit Salz, Pfeffer und etwas Knoblauch abschmecken. Den Sud mit etwas Stärke abbinden. Die frischen Basilikumblätter in die Soße streuen und mit dem Stabmixer fein pürieren.

Zubereitung für das Gemüse:

Die Zucchini der Länge nach vierteln und das Kerngehäuse entfernen. Die Zucchini in gleich große Würfel schneiden. Die Tomaten waschen und halbieren. Die Zucchini in Olivenöl anschwitzen, mit Salz, Pfeffer, Zitrone würzen. Die Tomaten hinzugeben und 4 Minuten ziehen lassen.

Anrichten:

Das Gemüse mittig auf dem Teller anrichten. Die aufgeschäumte Soße darüber geben und die krosse Brust in Tranchen schneiden und gefächert platzieren.

Die junge hessische Küche
Mirko Reeh
Praktikable Alltagsküche - auch für Singles

Basilikum-Hühnchen an Kartoffelpüree mit Rosmarin und getrockneten Tomaten

Zutaten Hühnchen:

4 Hühnerbrustfilets
3 EL frisch gehacktes Basilikum
6 EL Olivenöl
4 EL hellen Balsamico
3 EL Honig
Salz und frisch gemahlener Pfeffer aus der Mühle

Zutaten Kartoffelpüree:

600 g Kartoffeln
8 EL Olivenöl
1 EL geschl. Sahne
1 EL frisch gehackter Rosmarin
4 EL gehackte getrocknete Tomaten
Salz und frisch gemahlener Pfeffer aus der Mühle

Sowie: 200 ml Sahne
Salz und frisch gemahlener Pfeffer aus der Mühle

Zubereitung Hühnchen:

Die Filets säubern und trocken tupfen. Die Zutaten für die Marinade verrühren. Die Marinade über die Filets geben und diese mehrfach darin wälzen. Das Filet ca. 15 Minuten marinieren. Danach in eine Edelstahlpfanne geben und die Filets mit Pfeffer und Salz würzen. Die Temperatur auf kleiner Stufe lassen und die Filets leicht anschwitzen. Zwischendurch öfter wenden. Sobald die äußere Struktur des Fleisches geschlossen ist, die Temperatur erhöhen. Rundherum goldbraun ausbacken und dann kurz herausnehmen. Die Pfanne bei hoher Temperatur lassen und die Sahne hinzugießen. Aufkochen lassen und mit Pfeffer und Salz abschmecken.

Zubereitung Kartoffelpüree:

Kartoffeln schälen, sehr fein schneiden und weich kochen. In dieser Zeit können die getrockneten Tomaten hauchdünn geschnitten und ebenso der Rosmarin vorbereitet werden. Die garen Kartoffeln abgießen, in eine Stahlschüssel geben, Olivenöl und Sahne zugießen und mit einem Schneebesen luftig schlagen. Wichtig: Kein Kartoffelstampfer und keine Kartoffelpresse, sonst wird das Püree nicht luftig. Ist das Püree luftig aufgeschlagen, Rosmarin sowie die getrockneten Tomaten hinzugeben.
Mit Pfeffer und Salz abschmecken.

Das Filet wird schräg in Streifen geschnitten und mittig auf einen großen Teller gelegt. Das Püree wird mit einem Spritzbeutel an das Hühnchen gespritzt und die Sahnesauce leicht um das Hühnchen arrangiert. Mit etwas frischen Pfeffer wird das Ganze bestreut.

Die junge hessische Küche
André Großfeld
Praktikable Alltagsküche - auch für Singles

Gedünstetes Kabeljaufilet auf Bratkartoffeln mit Gemüsestroh und Senfsauce

Zutaten:

4 Kabeljaufilets (Dorsch)
1 Karotte
1 Lauchstange
1 Sellerie klein
500 g Kartoffeln fest kochend
1 Zwiebeln

200 ml Geflügelfond oder Fischfond
200 ml Sahne
50 g Senf scharf
etwas Stärke zum Binden
Butter, Salz, Pfeffer, Zitrone, Dill

Zubereitung Gemüsestroh und Soße:

Die Karotten und den Sellerie schälen und in Streifen schneiden. Den Lauch separat in Streifen schneiden.
Den Fond aufkochen, die Karotten und den Sellerie dazugeben und weich kochen. Das Gemüsestroh herausnehmen. Mit dem Lauch genauso verfahren. Das weich gekochte Gemüse auf einen Teller geben und zur Seite stellen. In den Fond die Sahne und den Senf geben und einmal aufkochen.
Mit Salz, Pfeffer und Zitrone abschmecken.

Zubereitung Bratkartoffeln:

Die Kartoffeln schälen und in Scheiben schneiden. Die rohen Kartoffelscheiben in etwas Öl in einer Pfanne bei mittlerer Hitze goldbraun braten. Die Bratkartoffeln mit Salz und Pfeffer würzen. Zum Schluss eine Butterflöckchen und feingeschnittenen Dill hinzugeben.

Zubereitung Fisch:

Die Fischfilets in die warme Soße legen und ca. 5 Minuten langsam darin ziehen lassen. Der Fisch muss nicht vorher gewürzt werden, da die Soße kräftig genug ist.

Anrichten:

Die Bratkartoffeln mittig auf einem Teller anrichten, die Fischfilets aus der Soße nehmen und auf die Kartoffeln setzen. Das Gemüsestroh auf den Fisch legen. Die heiße Soße mit einem Stabmixer aufschäumen und über das Stroh fließen lassen.

Die junge hessische Küche
Mirko Reeh
Praktikable Alltagsküche - auch für Singles

Kohlrouladen nach Omas Art

Zutaten Kohlrouladen:

6 Weißkohlblätter

500 g Kalbfleisch

4 Frühlingszwiebeln

1 Knoblauchzehe

3 EL Tomatenmark

2 EL frisch gehackte Petersilie

Sowie: 300 ml Gemüsebrühe Olivenöl

Zusätzlich zur Sauce:

1 Zwiebel

4 EL Tomatenmark

1 EL Butter

Salz & Pfeffer nach Belieben und Geschmack

Zubereitung Kohlrouladen:

Zunächst den Backofen auf 200°Grad vorheizen. In eine Auflaufform etwas Butter oder Öl geben und diese damit einstreichen.

Die Kohlblätter ca. 20 Sekunden blanchieren, dann abtropfen lassen und die harten Stiele entfernen. Für die Füllung das Kalbfleisch durch einen Fleischwolf treiben. In einem Topf die kleingehackten Frühlingszwiebeln, den Knoblauch und das Tomatenmark anbraten. Das Fleisch hinzugeben und mit anbraten. Alles gut vermengen, mit Pfeffer und Salz abschmecken und von der Hitze nehmen.

Jeweils einen Teil der Füllung auf den Rand eines Kohlblatts legen und dann einwickeln. Mit einem Küchengarn gut verschnüren, nicht zu fest, sonst reißt das Kohlblatt ein. Auf diese Weise die restlichen Kohlblätter verarbeiten.

Anschließend mit der Nahtseite nach unten in die Auflaufform legen und mit der vorbereiteten Brühe angießen. Dann im Backofen bei 180°Grad ca. 20 Minuten garen. Nach dem Garen die Kohlrouladen herausnehmen und die Brühe zur Seite stellen.

Die Zwiebel klein hacken und mit dem Tomatenmark in einem Topf
in Olivenöl scharf anbraten. Dann mit der Brühe aufgießen und mit
Pfeffer und Salz würzen. Mit der Butter montieren.

Die junge hessische Küche
André Großfeld
Praktikable Alltagsküche - auch für Singles

Krosse Barbarie-Entenbrust auf Shitake-Lauchgemüse mit Kartoffelschaum

Zutaten:

4 Entenbrüste
400 g Shitake
je 1 Lauchstange und Zwiebel
1 mehlige Kartoffel
50 ml Weißwein
200 ml Geflügelfond
200 ml Sahne
1 Eigelb
Butter, Salz, Pfeffer, Zitrone, Schnittlauch

Zubereitung Entenbrust:

Die Entenbrust von Sehnen befreien, die Haut leicht einritzen und von beiden Seiten mit Salz und Pfeffer würzen. Bei mittlerer Hitze auf der Hautseite in Pflanzenöl knusprig anbraten (ca. 5 Min). Die Brust umdrehen und nur kurz auf der Fleischseite anbraten (nur solange, bis die Poren geschlossen sind). Die Brust auf ein Rost legen und bei 80°C Umluft im Ofen fertig garen (ca. 25 Min). Nach dem Garen, in einer Pfanne etwas Öl erwärmen (halbe Hitze), die Brust auf der Hautseite in die Pfanne geben und schön goldbraun knusprig braten.

Zubereitung Shitake-Lauchgemüse:

Die Shitake vom Strunk entfernen und in Dreiecke schneiden. Den Lauch waschen, der Länge nach halbieren und in schöne Plättchen schneiden. Die Pilze in etwas Öl bei mittlerer Hitze anschwitzen und leicht goldbraun braten. Den Lauch hinzugeben und weich schmoren. Das Gemüse mit etwas Butter verfeinern, mit Salz und Pfeffer würzen.

Zubereitung Kartoffelschaum:

Die Kartoffel und Zwiebel schälen und in Scheiben schneiden. Beide in etwas Öl in einem kleinen Topf kurz anschwitzen und mit dem Weißwein ablöschen. Den Geflügelfond aufgießen und die Kartoffeln garen. Den Ansatz mit Salz, Pfeffer und Muskat würzen. Sind die Kartoffeln weich, die Sahne hinzugeben und alles pürieren. Die entstandene Soße aufkochen und vom Herd nehmen. In die Soße nun ein Eigelb mixen und gegebenenfalls nachschmecken. Zum Verfeinern etwas feingeschnittenen Schnittlauch in die Soße geben. Danach aber nicht mehr mixen.

Anrichten:
Das Gemüse mittig auf dem Teller
anrichten, die Soße darüber geben
und die aufgeschnittene Brust schön
darauf setzen.

Die junge hessische Küche
Mirko Reeh
Praktikable Alltagsküche - auch für Singles

Gebackener Bratapfelschmandkuchen

Zutaten Mürbeteig:

250 g Mehl
1 Prise Salz
150 g Butter
100 g Zucker
1 Eigelb

Zutaten Belag:

300 g Äpfel
4 EL Haselnusskrokant
2 - 3 TL Zimt
300 g Schmand
6 Eier
60 g Vanillezucker

Zubereitung Mürbeteig:

Aus allen Zutaten wird ein lockerer Teig mit einer Küchenmaschine geknetet. Diesen anschließend in eine gebutterte Form (26 ø) bröseln und nur leicht andrücken.

Zubereitung Füllung:

Backofen auf 200°Grad vorheizen. Die Eier mit dem Vanillezucker schaumig schlagen und den Schmand unterheben. Die Äpfel schälen, entkernen und in kleine Stücke schneiden. Äpfel zur Schmandmasse geben.

Die Masse auf den Mürbeteig geben und glatt streichen. Mit dem Krokant und dem Zimt nach Belieben und Geschmack bestreuen.

Bei 180°Grad Umluft oder 200° Grad Ober- Unterhitze ca. 30 - 40 Minuten backen. Danach abkühlen lassen.

Die junge hessische Küche
André Großfeld
Praktikable Alltagsküche - auch für Singles

Weißes Schokoladenmousse mit Rosa Pfeffer

Zutaten:

250 g weiße Schokolade

400 ml geschlagene Sahne

3 Eier

100 g Zucker

3 Blatt Gelatine

30 ml Himbeer-, Kirsch- oder Orangengeist

30 g rosa Pfeffer

Zubereitung:

Die Schokolade klein schneiden und in einem Topf bei schwacher Hitze langsam auflösen. Die Schokolade ist optimal wenn sie Körpertemperatur hat.

Die Eier und den Zucker mit einem Handrührgerät so lange aufschlagen, bis die Masse weiß ist und das doppelte Volumen erreicht hat.

Die Gelatine in kaltem Wasser einweichen, dann ausdrücken und im erwärmten Geist auflösen. Die Gelatine darf nicht aufkochen, da Sie sonst an Bindung verliert.
Die Sahne steif schlagen. Hierbei ist zu beachten, dass sie nicht zu steif wird, da sie sich sonst nicht so gut mit der Schokolade verbindet.
Nun alle Zutaten zusammenrühren. In die Schüssel mit der Eierzuckermasse die flüssige Schokolade einlaufen lassen. (mit dem Mixer Stufe 2)

Zur Gelatine den Obstbrand hinzugeben. (ebenfalls Mixer Stufe 2)

Jetzt wird's brenzlig:

Die Masse aus Ei, Zucker, Schokolade, Gelatine mit Obstbrand darf nicht zu warm sein, das heißt so ca. 15 Grad. Dann ein Drittel der Sahne in die Masse geben und schnell mit einem Schneebesen verrühren. Die anderen zwei Drittel mit einem Schneebesen vorsichtig unterheben. So entsteht ein schönes Volumen.

Zu guter Letzt wird der rosa Pfeffer unter die Masse gehoben.
Die fertige Mousse in Schalen oder Förmchen abfüllen und servieren.

Hasel-
nußgeist
40%vol. (Corylus avellana)

Die junge hessische Küche
Mirko Reeh
Praktikable Alltagsküche - auch für Singles

Detscher mit Birnensauce

Zutaten Detscher:

500 g Kartoffeln, festkochend
1 Zwiebel
4 Eier
1 Bund glatte Petersilie
3 EL Mehl
1/2 TL Salz
Sonnenblumenöl

Zutaten Birnensauce:

500 g Birnen
200 ml Weißwein
100 g Vanillezucker
Saft einer Zitrone

Zubereitung Detscher (Kartoffelplätzchen):

Die Kartoffeln und die Zwiebel schälen, klein schneiden und fein pürieren. Eier unterheben, ebenfalls das Mehl und dann Salz. Zum Schluss fein gehackte glatte Petersilie unterheben. In einer beschichteten Pfanne mit Sonnenblumenöl von beiden Seiten goldbraun ausbacken.

Zubereitung Sauce:

Die Birnen schälen, entkernen und klein schneiden. Dann alle Zutaten, bis auf den Zitronensaft, leicht köcheln lassen. Sind die Birnen weich, werden sie püriert und durch ein Haarsieb gestrichen. Mit etwas Zitronensaft abschmecken.

Die junge hessische Küche
Mirko Reeh
Menü für wenig Geld

Rote Beete Carpaccio mit Peccorino-Walnuss-Pesto dazu Filet von der Bachforelle

Zutaten Carpaccio:

3 Knollen Rote Beete, gekocht

1 rote Zwiebel

6 EL Balsamico

2 - 3 EL Olivenöl

1 TL gemahlener Kreuzkümmel

Zutaten Pesto:

50 g Basilikum

50 g Peccorino

30 g Walnüsse

ca. 80 ml Olivenöl

Salz & Pfeffer

Zutaten Forelle:

2 Forellenfilets, küchenfertig

Mehl, Olivenöl, Salz & Pfeffer

Zubereitung Carpaccio:

Die Rote Beete in hauchdünne Scheiben hobeln, Zwiebel sehr fein hacken und unter die Rote Beete heben. Mit Balsamico, Olivenöl, Salz, Pfeffer und Kümmel abschmecken.

Zubereitung Pesto:

Basilikum fein hacken. Dann alle Zutaten für das Pesto in einen Pürierbecher geben, mit Salz und Pfeffer abschmecken.

Zubereitung Forelle:

Die Forellenfilets in Streifen schneiden, dann würzen, mehlieren und in Olivenöl ausbacken.

Anrichten:

Die Rote Beete mittig auf einem großen Teller dekorieren. Etwas Pesto darüber verteilen und die Forellenstücke anlegen.

Geld

Die junge hessische Küche
André Großfeld
Menü für wenig Geld

Gutes für S

Pochiertes Ei in der Kartoffelsuppe mit Blutwurststrudel

Zutaten:

200 g Kartoffeln
300 ml Brühe
150 ml Milch
150 ml Sahne
300 g Blutwurst
2 Blt. Strudelteig
1 Stk. Apfel
4 Stk. Eier

Zubereitung Suppe:

Die Kartoffeln schälen und in der Brühe bei mittlerer Hitze weich kochen. Danach Milch und Sahne zugeben und aufkochen. Die Suppe mit Salz, Pfeffer, Muskat würzen und mixen.

Zubereitung Strudel:

Die Haut von der Blutwurst abziehen. Die Blutwurst und den Apfel in Würfel schneiden und in den Strudelteig einschlagen. Den eingerollten Strudel bei 240°C im Ofen backen.
Die fertige Suppe in einem tiefen Teller füllen, den Strudel anschneiden und in die Suppe legen.

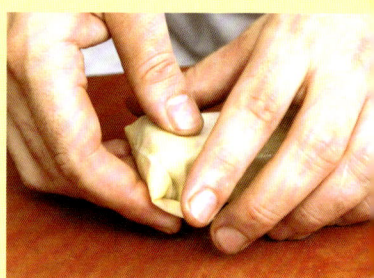

Zubereitung Eier:

Einen Topf mit Wasser und einem Schuss Essig zum Kochen bringen. Die Eier aus der Schale in eine Tasse geben (pro Tasse ein Ei). Das kochende Wasser mit Hilfe eines Löffels umrühren und die Eier vorsichtig aus der Tasse hineingleiten lassen. Den Topf vom Herd nehmen und bei vorsichtigem Rühren ca. 4 min. ziehen lassen.

Die junge hessische Küche
Mirko Reeh
Menü für wenig Geld

Parpadelle-Salat

Zutaten Parpadelle:

500 g Parpadelle (Bandnudeln)

100 g getrocknete Tomaten

50 g Parmesan

50 g Fontina Käse

2 frische Chilischoten

100 g Rucola

Zutaten Dressing:

50 ml Rapsöl

30 ml Balsamico

50 ml Wasser

1 TL Provencal Senf

1 EL Tomatenmark

Salz & Pfeffer

Sowie: 50 g Basilikum

Zubereitung:

Die getrockneten Tomaten in feine Streifen schneiden, den Parmesan hobeln, sowie den Fontina Käse fein schneiden. Chilischote sehr fein schneiden, Rucola zupfen. Die Pasta al dente kochen, anschließend etwas ölen und abkühlen lassen.

Für das Dressing alle Zutaten gut miteinander verrühren, danach unter den Salat heben. Zum Schluss mit Salz und Pfeffer abschmecken und das Basilikum unterheben. Wer mag, kann noch etwas Parmesan einrühren.

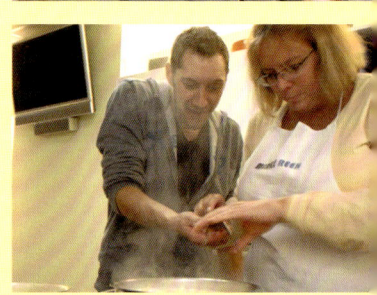

Die junge hessische Küche
Mirko Reeh
Menü für wenig Geld

Gratinierter Chicoree

Zutaten:

4 Chicoree

20 g Rosinen

100 g Oliven, entsteint

50 g Pinienkerne

3 EL Parmensan, gerieben

4 Sardellenfilets

2 Scheiben Weißbrot

2 Knoblauchzehen

4 EL Olivenöl

Salz und Pfeffer

Zubereitung:

Backofen auf 180° Grad vorheizen. Die Rosinen in Wasser einweichen. In einem Topf Wasser zum Kochen bringen. Den Chicoree im Ganzen ca. 2 Minuten blanchieren, dann abtropfen und auskühlen lassen.

Oliven, Knoblauchzehen, Parmesan und Sardellenfilets klein schneiden. Pinienkerne hacken und das Weißbrot in kleine Stücke zerpflücken. Alles zusammen mit den Rosinen in einer Schüssel vermengen.

Mit Salz und Pfeffer würzen. Eine feuerfeste Form nehmen und mit Öl ausstreichen. Den Chicoree nun auseinander spreizen, die Füllmasse hineingeben und wieder verschließen. Vorsichtig in die Form geben, dann bei 180° Grad 20-30 Minuten garen.

Die junge hessische Küche
André Großfeld
Menü für wenig Geld

Gefülltes Schweinefilet mit Dörrobst auf Petersilienwurzel-Pürée

Zutaten Carpaccio:

1 Kg Schweinefilet oder Rücken

500 g Dörrobst

200 g Speck in Scheiben

500 g Zucchini

300 g weiße Zwiebeln

300 g Kartoffeln klein

500 ml Geflügelfond

1 Kg Petersilienwurzel

250 ml Geflügelfond

250 ml Sahne

Salz, Pfeffer, Muskat

Zubereitung Filet:

Das Fleisch sauber parieren, waschen und trocken tupfen. Das Fleisch der Länge nach aufschneiden, so dass man ein großes flaches Stück bekommt. Das Fleisch mit Salz und Pfeffer von der Innenseite würzen, das Dörrobst in die Mitte legen, zu einer Rolle formen und mit dem Speck einwickeln. Von außen muss das Fleisch nicht gewürzt werden, der Speck ist würzig genug. Die Roulade nun von allen Seiten kurz anbraten, anschließend auf ein Backblech legen und für ca. 30 Min bei 160°C in den Ofen schieben.

Zubereitung Pürée:

Die Petersilienwurzeln und das Gemüse schälen, in walnussgroße Stücke schneiden und im Geflügelfond weich kochen. Ist das Gemüse weich und der Fond um die Hälfte eingekocht, die Sahne hinzugeben, würzen und pürieren.

Anrichten:

Das Fleisch aus dem Ofen holen, in Scheiben schneiden und auf dem Püree anrichten.

Die junge hessische Küche
Mirko Reeh
Menü für wenig Geld

Tarta di Limone

Zutaten für eine 24 Ø Form:

Für den Boden: 250 g Mehl
1 Priese Salz
150 g Butter
100 g Zucker
1 Eigelb
Butter für die Form

Zutaten die Füllung:

2 Eier
6 Eigelb
150 g Zucker
3 unbehandelte Zitronen
400 g Creme Fraiche

Zubereitung:

Aus den Zutaten für den Mürbeteig wird ein fester Teig geknetet. Nach 30 Minuten Ruhezeit wird der Teig in die Kuchenform gebröselt und leicht angedrückt.

Für die Füllung wird der Zucker mit den Eiern und dem Eigelb schaumig geschlagen. Die Zitronen werden abgerieben. Dann den Saft aus den Zitronen pressen. Den Zitronensaft zur Zucker-Ei Mischung geben, ebenfalls die abgeriebene Schale. Zum Schluss wird die Creme Fraiche hinzugegeben.
Backofen auf 180° Grad Umluft oder bei Ober-Unterhitze auf 200°Grad vorheizen.
Der Teig wird am Rand ca. 4 cm hoch geformt. Den Boden etwa 20 Minuten vorbacken.
Die Füllung auf den vorgebackenen Boden geben. Den Backofen bei Umluft auf 160° Grad reduzieren. Bei Ober-Unterhitze auf 170° Grad reduzieren. Mit der Füllung 40 Minuten backen, herausnehmen, abkühlen lassen und ca. 2 Stunden in den Kühlschrank stellen.

Die junge hessische Küche
André Großfeld
Menü für wenig Geld

Creme Brulée vom Kaffee mit Portweinbirne

Zutaten:

400 ml Sahne

5 Eigelb

3 El löslicher Kaffee

4 El Zucker

2 El Kaffeelikör (Ballys)

2 El brauner Zucker zum Karamellisieren

4 Birne

400 ml Portwein

4 El Zucker

½ Orange

½ Limone

Stärke zum Binden

Zubereitung für die Creme Brulée:

Die Hälfte der Sahne kurz aufkochen, Zucker und Kaffee darin auflösen. Die Eigelb schnell einrühren und gleich den Rest der kalten Sahne hinzugeben (Aufpassen: wenn die Sahne zu heiß ist, kann es schnell Rührei geben).

Nun die Masse mit dem Likör abschmecken und in Förmchen geben. (Suppentasse, tiefer Teller, kleine Backförmchen) Die aufgefüllten Förmchen ca. 1 Std. bei 80°C bis max. 100°C bei Umluft in den Backofen stellen. Die Creme ist dann fertig, wenn Sie gestockt ist. Es kann auch mal etwas länger als eine Stunde dauern, dies hängt von der Füllmenge ab. Wichtig ist, den Herd nicht über 100°C zu heizen. Ist die Creme Brulée fertig, einfach bei Raumtemperatur abkühlen lassen.

Zubereitung Portweinbirne:

Den Zucker in einem Topf karamellisieren lassen und mit dem Portwein ablöschen. Den Portwein um die Hälfte einkochen, mit dem Saft der Orange und Limone abschmecken und mit etwas Stärke abbinden.

Die Birnen schälen, entkernen und in Streifen schneiden.

Die Birnen in den fertigen noch warmen Sud legen und ziehen lassen.

Falls die Birnen zu hart seien sollten, einfach noch mal kurz aufkochen.

Anrichten:
Die Creme Brulée mit dem braunen Zucker bestreuen
und mit Hilfe eines Bunsenbrenners goldbraun
karamellisieren. Die Birnen lauwarm servieren.

Ziegenkäse-Olivenbrot

Zutaten:

50 g getrocknete Feigen
100 g Ziegenkäse
50 g entsteinte Oliven
42 g Hefe
700 g Mehl
500 ml lauwarmes Wasser
3 EL getrocknete Kräuter der Provence
1 EL Honig
1 TL Salz

Zubereitung Carpaccio:

Die Hefe im lauwarmen Wasser auflösen. Dann unter das Mehl heben, gut verkneten lassen. Die getrockneten Feigen klein schneiden, den Käse zerbröseln, Oliven klein schneiden, dann alles gut mit den restlichen Zutaten vermischen. Den Brotteig 30 Minuten ruhen lassen.

Backofen auf 180° Grad Umluft oder 200°Grad Ober- Unterhitze vorheizen. Den Teig auf das Blech streichen und ca. 30 Minuten backen.

Küche

Vom Fingerfood zum BBQ

Avocadocreme, Schnittlauchschmand, Mangochutney

Zutaten:

2 **reife** Avocado (ganz wichtig)
1 Stk. Limone
1 Stk. Schalotte
1 Stk. Tomate
Salz, Pfeffer, Knoblauch, frische Korianderblätter, Tabasco

500 g Schmand
1 Bd. Schnittlauch
1 Stk. Zitrone
Salz, Pfeffer, Muskat

1 Stk. Mango
1 Stk. Orange
2 El Honig
1 El Curry

Zubereitung Avocadocreme:

Die Avocado halbieren und den Kern entfernen. Das Fruchtfleisch mit einem Löffel herauskratzen, in eine Schüssel geben und mit einer Gabel zerdrücken. Den Saft der Limone daübergeben. Die Schalotten in feine Würfel schneiden und ebenfalls unterrühren. Die Tomaten vierteln, das Kerngehäuse entfernen und dann die Viertel in feine Würfel schneiden. Die Tomatenwürfel ebenfalls unterheben und mit Salz, Pfeffer, Knoblauch und Tabasco abschmecken. Nach Geschmack noch frischen Koriander schneiden und beimengen.

Zubereitung Schnittlauchschmand:

Den Schmand mit dem Saft der Zitrone glatt rühren, mit Salz, Pfeffer und Muskat kräftig würzen. Den geschnittenen Schnittlauch unterheben.

Zubereitung Mangochutney:
Den Saft der Orange kurz erwärmen und darin den Curry auflösen.
Die Mango schälen und in feine Würfel schneiden. Den Currysaft
über die Würfel geben und mit Honig abschmecken.

123

Frankfurter "Grüne Soße" Küchlein

Zutaten:

60 g Parmesan

125 g Kräuter der Frankfurter Grünen Soße

80 g Paniermehl

4 Eier

Olivenöl zum Braten

Salz und frisch gemahlener Pfeffer

Zubereitung:

Den Parmesan fein reiben und mit dem Paniermehl vermengen. Die Kräuter säubern und fein hacken. Anschließend die Kräuter mit den Eiern unter die Parmesan-Paniermehlmischung heben. Das Ganze mit Salz und Pfeffer abrunden. Sollte die Masse zu feucht sein, noch etwas Paniermehl unterheben. Ist die Masse zu trocken, mit etwas Wasser verdünnen. Dann aus der Masse kleine Küchlein formen und diese in einer Edelstahlpfanne von beiden Seiten ausbacken.

Mein Tipp:

Statt der Kräuter kann auch Rucola verwendet werden.

Garnelen-Seeteufel-Spieß mit Chili-Marinade

Zutaten:

8 große Garnelen
200 g Seeteufelfilet ohne Haut
4 Zitronengras- oder Schaschlikspieße

200 ml Chilisoße (Sweet-Chicken)
200 ml Weißwein
2 Schalotten
50 ml Erdnuss- oder Sesamöl
etwas Stärke zum Binden
Salz, Zitrone, Koriander oder Basilikum

Zubereitung Garnelen-Seeteufelspieß:

Die Garnelen von der Schale und vom Darm befreien. Den Seeteufel in 2 cm große Würfel schneiden. Nun Seeteufel und Garnelen abwechselnd auf den Zitronengrasspieß aufstecken. Pro Spieß drei Stücke Seeteufel und zwei Garnelen.

Zubereitung Chili-Marinade:

Die Schalotten schälen und in feine Streifen schneiden. Dann in etwas Öl glasig anschwitzen und mit dem Weißwein ablöschen. Den Wein auf die Hälfte einkochen lassen, die Chilisoße und das Öl hinzugeben. Mit Salz, Zitrone und den Kräutern würzen. Falls die Marinade zu dünn ist, mit etwas Stärke binden.

Anrichten:

Die Spieße rundum salzen und von jeder Seite zwei Minuten in der Pfanne oder auf dem Grill anbraten. Die Spieße in eine Auflaufform legen, die warme Chili-Marinade darüber geben und servieren.

Fritierte Ravioli gefüllt mit Spargel in würziger Zabaione

Zutaten Nudelteig:
500 g Hartweizengrieß
4 Eier
2 EL Olivenöl
½ TL Salz

Zutaten Füllung:
250 g Spargel
100 g Frischkäse
2 Eier
½ TL Zucker
4 - 6 EL Paniermehl
Salz & Pfeffer

Zutaten Zabaione:
6 Eigelb
2 Eier
60 ml Marsala
100 ml Gemüsebrühe
Salz & Pfeffer
sowie: 1 L Fritierfett und 6 EL gehackte Kräuter

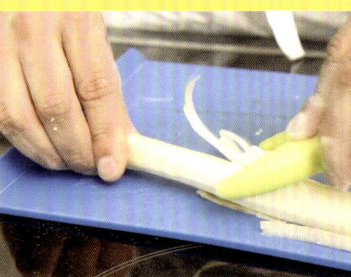

Zubereitung Nudelteig:
Die Zutaten für den Nudelteig zusammen in eine Rührschüssel geben und von der Küchenmaschine gut durchkneten lassen. Mit den Händen zu einem griffigen Teig fertig kneten und 30 Minuten ruhen lassen.

Zubereitung Füllung:
Den Spargel schälen und in kleine feine Stücke schneiden. Die Eier mit dem Frischkäse verquirlen. Die Spargelstücke unterheben und das Ganze mit Paniermehl abbinden. Mit Pfeffer, Salz und dem Zucker abschmecken.

Zubereitung Ravioli:
Den Nudelteig in langen Bahnen dünn ausrollen. Die Füllung mit Hilfe von zwei Teelöffeln auf eine Nudelbahn setzen. Eine zweite Bahn leicht mit etwas Wasser bestreichen. Dann auf die schon vorbereitete Nudelbahn mit der Füllung legen und um die Füllungen herum gut andrücken. Die Ravioli ausrädeln oder mit einem Ausstecher ausstanzen. Die Ravioli im Fritierfett goldbraun ausbacken und danach zum Abtropfen auf ein Küchentuch legen.

Zubereitung Zabaione:

Die Eier und das Eigelb gut verquirlen.
Mit dem Marsala und der Gemüsebrühe
in einer Schlagschüssel gut verrühren,
danach mit Salz und Pfeffer kräftig würzen.
Anschließend die Zabaione im heißen
Wasserbad so lange schlagen bis sie
schaumig wird.

Zum Anrichten ein Dippschälchen mit der Zabaione
füllen, das Ganze auf einen großen Teller stellen
und die fertig frittierten Ravioli darauf geben.
Mit den frisch gehackten Kräutern dekorieren.

Minigemüse in der Alufolie gegart mit Grüne Soße Mousse

Zutaten:

200 g Babymais
200 g Babykarotten
200 g Zuckerschoten
1 Bd. Frühlingslauch
1 Stangensellerie
50 ml Olivenöl

200 g Grüne Soße Kräutermischung
200 g Sahne
200 g Schmand
3 Blt. Gelatine
1 El Senf
1 El Meerrettich
Salz, Pfeffer, Zitrone, Zucker

Zubereitung Gemüse:

Den Babymais, die Babykarotten(geschält) und die Zuckerschoten in eine Schüssel geben. Den Frühlingslauch waschen und in Stangen, etwa so lang wie der Mais und die Karotten, schneiden. Den Stangensellerie halbieren und genau so lang wie den Lauch schneiden.

Das rohe Gemüse mit Salz, Pfeffer und Zitrone würzen und mit dem Olivenöl in einer Schüssel gut marinieren.
Alufolie doppelt auslegen und das Gemüse darauf verteilen. Mit der Alufolie gut einpacken, die Außenränder nach oben falten und auch den Schnitt nach oben legen. So kann aus der Tasche kein Saft heraus laufen.

Das Gemüsepaket nun auf den Grill legen und ca. 30 Minuten garen (im Backofen bei ca. 180°C 25 Minuten).

Küche

Zubereitung "Grüne Soße Mousse":

Die Kräuter für die Grüne Soße möglichst klein hacken, mit dem Schmand, Senf und Meerrettich in einem Mixer fein pürieren und in eine große Schüssel geben.
Die Gelatine in kaltem Wasser einweichen. Zwei Löffel der pürierten Masse erwärmen und darin die Gelatine auflösen.
Die warme Soße mit der Gelatine in eine Schüssel geben. Die Sahne steif schlagen, und ein Drittel mit dem Schneebesen einrühren. Die anderen zwei Drittel geschlagene Sahne werden vorsichtig untergehoben. Die Mousse mit Salz, Pfeffer und Zitrone abschmecken, in eine Servierschüssel geben und für 3 Std. kaltstellen.

Anrichten:

Das Gemüse in der Alufolie auf den Tisch stellen und erst vor den Gästen öffnen, dadurch wird der schöne Duft allen zuteil. Die Grüne Soße Mousse kühl auf den Tisch stellen.

Zander an der Gräte gegart

Zutaten:

½ Zander, vorzugsweise das Endstück

8 Türkische Peperoni

300 g weiße Zwiebeln

5 festkochende Kartoffeln

0,5 l Geflügelfond

Salz, Pfeffer, Zitrone, Petersilie, Olivenöl

Zubereitung:

Den Zander von Schuppen befreien, rundherum gut würzen und in einem Bräter in Olivenöl von allen Seiten kurz anbraten - danach den Fisch aus dem Bräter nehmen.

Die Kartoffeln und Zwiebeln schälen und fein schneiden bzw. hobeln.

Die Peperoni vom Kerngehäuse befreien und vierteln. Das Gemüse in den Bräter geben, leicht anschmoren und mit etwas Weißwein ablöschen.

Den Zander auf das Gemüsebett setzen und bei 180°C in den Ofen schieben.

Nach etwa 10 Minuten etwas vom Geflügelfond auf das Gemüse gießen und den Zander umdrehen. Nach weiteren 10 Minuten müsste der Zander fertig sein.

Den Gemüsefond mit etwas Olivenöl und frischen Kräutern abschmecken.

Anrichten:

Das Ganze mit der Pfanne auf den Tisch stellen und am Tisch tranchieren.

Ravioli mit Kräutern der Frankfurter Grünen Sauce gefüllt mit Entenragout

Zutaten:

100 g Kräuter der Frankfurter Grünen Sauce: Schnittlauch, Kerbel, Petersilie, Borretsch, Pimpinelle, Sauerampfer, Kresse. Wahlweise auch Estragon oder Liebstöckel

1 EL Olivenöl

Sowie: 500 g Mehl

4 Eier

1 EL Olivenöl

1/2 TL Salz

Füllung: 1 Entenbrust

1 Schalotte

Muskatnuss

3 EL Butter

Salbeibutter: 8 Blätter Salbei

100 g Butter

Salz und Pfeffer nach Belieben und Geschmack

Zubereitung:

Ravioli: Zunächst die Kräuter in etwas Salzwasser blanchieren. Im Eiswasser die Kräuter abschrecken. Durch diese Vorgehensweise bleibt die grüne Farbe der Kräuter erhalten. Anschließend die Kräuter fein hacken. Olivenöl in einer Kasserolle erhitzen, die Kräuter hinzugeben und anschwitzen, dann sehr fein pürieren und die Kräutermischung mit allen anderen Zutaten für den Teig glatt verkneten. 30 Minuten ruhen lassen.

Füllung: Die Entenbrust säubern, die Schalotte fein hacken und mit der Butter anschwitzen. Die Ente von der Haut befreien, in Stücke schneiden und gut anbraten. Dann alles durch einen Fleischwolf laufen lassen, die Masse sollte sehr fein sein. Möglicherweise diesen Vorgang wiederholen. Mit Salz und Pfeffer sowie Muskat würzen.

Herstellung: Der Nudelteig wird in langen Bahnen dünn ausgerollt. Dann wird jeweils links und rechts entlang der Bahn, die Füllung mit 2 Teelöffeln in ca. 2 cm Abstand voneinander gesetzt. Die Bahn einschlagen und andrücken. Mit einem Teigrädchen werden nun die Ravioli geschnitten.

Ravioli im siedenden Salzwasser 4 - 5 Minuten garen.

Salbeibutter: Die Salbeiblätter waschen, dann sehr fein hacken. Die Butter zerlassen, den Salbei darin leicht anbraten. Danach leicht mit Salz und Pfeffer würzen.

Anrichten: Drei bis Fünf Ravioli auf einen tiefen Teller geben, die Salbeibutter mit einem Esslöffel darüber träufeln und mit etwas frischem Pfeffer würzen.

Karamellisierte Banane mit Kaffee-Zabaione

Zubereitungszeit: 20 Minuten

Für 4 Personen

Zutaten Banane:
6 Bananen
8 EL Butter
160 g brauner Zucker
1,5 Orangen
1 TL Zimt
½ TL Tabasco
90 ml Rum

Zutaten Zabaione:
8 Eigelb
4 EL Zucker
240 ml Espresso, reduziert auf 2 EL
90 ml Rum

Sowie zur Deko:
500 ml Sonnenblumenöl
1,5 Orangen, deren Zesten

Zubereitung Banane:
Die Bananen in Stücke schneiden. Die Butter in einem Wok schmelzen, dann den braunen Zucker hinzugeben und bei mittlerer Hitze so lange verrühren bis der Zucker sich komplett aufgelöst hat. Die Orangen abreiben, die Zesten für die Deko aufheben. Den Saft, den Tabasco und den Rum zum Karamell geben und alles leicht köcheln lassen. Nach einigen Minuten wenn es etwas eingekocht ist die Bananenstücke hinzugeben.

Zubereitung Zabaione:
Für die Zabaione die Eigelb gut mit dem Zucker verrühren und schaumig schlagen. Den Espresso von 240 ml auf 2 EL einkochen lassen. Anschließend unter die Ei-Masse heben und den Rum hinzugeben. Das Ganze dann im Wasserbad solange schaumig schlagen, bis die Masse ca. das doppelte Volumen angenommen hat.

Das Öl erhitzen, die Zesten der Orange hinzugeben und leicht frittieren bis sie gebräunt sind, herausnehmen und gut abtropfen lassen.

Zum Servieren die karamellisierten Bananen auf einen tiefen Teller geben und die Zabaione darüber geben. Einige der frittierten Zesten mittig auf den Bananen anrichten.

Alle Rezepte

Alle Rezepte sind für 4 Personen ausgelegt

Einige Fragen an Mirko Reeh:

Michaele Scherenberg:
Was hast Du als erstes Gericht gekocht?

Mirko Reeh:
Spaghetti Bolognese und den supertollen Nudelsalat meiner Mutter. Der war nämlich legen-
där! Mit Fleischwurst, Käse, Erbsen, Karotten und Mayonnaise - ach ja und mit "Görkscher" -
Gurken! Da war ich 11 Jahre alt.

Michaele:
Wie hast Du Deine Lust am Essen entdeckt?

Mirko:
Durch meine Oma! Meine Oma hat alles selbst gemacht - auch den Pudding. Da gab es nix
aus der Tüte! Und wir haben immer total gerne alle in der Küche zusammengehockt, gegessen und gequatscht. Nach dem Motto: Ist die Küche noch so klein - wir passen alle trotzdem
rein! Das ist wie Lagerfeuer!

Michaele:
Was hörst Du am liebsten von Deinen Gästen und Kochkursteilnehmern?

Mirko:
"Ahhh", "mmmmhhhhh", "ooohhhhh", "herrrrrlich" - davon kann`s nicht genug sein!

Michaele:
Wie wichtig ist die gute Laune beim Kochen?

Mirko:
Sehr, sehr wichtig!!! Kochen ist ja was ganz Kreatives. Man muss sich jeden Tag neu beweisen.
Keiner kann gut kochen, wenn er nicht im Einklang mit sich selbst ist und mit dem, was er
macht. Wen ich schlecht drauf bin, muss ich zum Beispiel viel nachwürzen. Ich bin aber fast
immer gut drauf - Gott sei Dank!

Michaele:
Wie erfindest Du Deine Gerichte?

Mirko:

Ich kombiniere ganz viel - ich lese Rezepte in Zeitschriften, Koch- und Fachbüchern und vor allem: ich gucke mich um. Und dann kombiniere ich und mache was Neues draus. Einmal habe ich vom Land Hessen die Aufgabe bekommen, aus den 7 Kräutern der Frankfurter Grünen Soße was anderes zu machen als "Grie Soß". Da habe ich über 30 neue Rezepte entwickelt. Das war gigantisch.

Michaele
Wie phantasievoll bist Du beim Anrichten?

Mirko:

Ich riskiere immer mal was Verrücktes! Manche Sachen aber finde ich dekadent. Zum Beispiel Sushi auf einer nackten Frau servieren. Da hört´s bei mir auf! (lacht) Aber ich finde es sowieso wichtig, auch in der Küche seine Grenzen zu setzen. Ich würde zum Beispiel keine Fertigprodukte benutzen!

Michaele:
Hast Du eine heimliche Schwäche?

Mirko:

Meine größte Schwäche ist, dass ich total gerne esse!
Meine heimliche Schwäche ist: ich liebe Schuhe. Ich habe bestimmt 100 Paare. Aber nicht weitersagen!

André Großfeld

Einige Fragen an André Großfeld:

Michaele Scherenberg:
Wann ging das bei Dir mit dem Kochen los?

André Großfeld:
Also, da war ich etwa 6 Jahre alt. Zwiebelsuppe war das erste Gericht, das ich gemacht habe. Und für meine Mutter hab` ich damals mit meiner Schwester morgens um 6 Uhr Marmorkuchen für den Muttertag gebacken. Daran habe ich mich zum Beispiel erinnert, als wir in der alten Museumsküche für die Fernsehsendung gekocht haben! Der Kuchen war super!

Michaele:
Ist Essen sinnlich?

André :
Na klar! (lacht) und gemeinsam essen ist was Tolles! Wir hatten zu Hause Riesenräume. Da gingen 40, 50 Leute an eine Tafel. Die Familienfeste waren immer großartig. Aber auch sonst haben wir jeden Mittag zusammen gegessen. Und da gab`s immer gute Sachen! Vielleicht habe ich deshalb heute mein Restaurant, weil ich es schön finde, wenn viele Leute da sind!

Michaele:
Was hältst Du von Fertigkost?

André :
Na, das musst Du ja gerade einen Sternekoch fragen! Bei mir wird natürlich alles frisch und selbst gemacht - bis ins Kleinste! Aber zu Hause, als ich Kind war, kamen früher auch mal Ravioli aus der Dose auf den Tisch. Heute würde ich jedem empfehlen, auch die Ravioli selbst zu machen. Macht echt nicht viel Arbeit und schmeckt viel besser! Der Trend zur Fertigkost ist schade! Dabei kann man viele Leute so schnell fürs Kochen begeistern. Ich möchte jedenfalls dazu auffordern wieder Vieles selber zu machen.

Michaele:
Liebst Du die Lebensmittel, mit denen Du umgehst?

André:
Oh ja! Ich habe eine richtig große Liebe zum Produkt. Ich kaufe mit viel Lust ein und dann freue ich mich wie verrückt aufs Kochen! Manchmal gebe ich einem besonders schönem Stück Fleisch oder Fisch einen Namen. In der Küche sage ich dann: So, jetzt schneiden wir noch eine schöne Scheibe von Anton oder wie auch immer ab. Ich schneide es schön langsam und streichle es ein bisschen.

Michaele:
Woher kommen Deine Rezepte?

André:
Aus dem Bauch! Ich wache auf und habe eine Idee. Ich erfinde alle meine Gerichte selbst. Ich kann mich dabei an eine lustige Geschichte erinnern: einmal habe ich ein Honigkucheneis gemacht, das hatte ich noch nie in meinem Leben vorher gesehen oder gegessen. Ich habe also ausprobiert und versucht bis es fertig war. Genau in der Woche, als ich es auf die Karte genommen habe, lese ich in einer Feinschmecker-Zeitschrift genau dieses Honigkucheneis-Rezept. Irre, oder? Das ist doch Gedankenübertragung!

Michaele:
Wie wichtig ist für Dich das tolle Anrichten?

André :
Total wichtig. Ich richte nicht nur auf Tellern an, sondern auch auf Holz, Metall, Schiefer. Ich phantasiere einfach und probiere aus. Dann gibt's ein Supergericht auch schon mal in einer Blumenvase. Ich bin ständig auf der Suche. Ich geh' den ganzen Tag mit offenen Augen durch die Welt. Ich sehe einen Kerzenständer und denke: toll, da passt oben ein Ei rein - schon nehme ich ihn zum Anrichten.

Michaele:
Was ist ein guter Koch?

André:
Oh - viele Leute kochen - aber zum richtig guten Koch musst du geboren werden! Du musst einfach verrückt sein aufs Kochen. Über guten Geschmack lässt sich nicht streiten! Ich muss aber wissen, was harmoniert und was nicht. Ich rieche schon vorher wie etwas schmecken wird! Und ich merk' mir alles. Ich könnte heute noch ohne jede Anleitung den Kartoffelsalat genau so machen, wie er Alfons Schubeck perfekt schmeckt!

Andrea Enderlein
wurde 1958 in Potsdam geboren, arbeitete als Bildredakteurin beim Fernsehen und lebt heute als freie Fotografin im Rhein-Main-Gebiet. Sie ist für Film-Produktionen, TV, Banken und Fotoagenturen im Einsatz - auch redaktionell. Ihre Aufträge führen sie oft nach Frankfurt, z. B. zu Aufnahmen für die Krimi-Serie "Ein Fall für zwei".

Norbert Hetkamp
Creative Director mit US-Erfahrung, lebt und arbeitet in Frankfurt und auf dem Lande in den Bereichen Editorial-, Grafik-Design und freier Fotografie mit Vorlieben für Food- und Peopleaufnahmen. Nach dem Design-Studium in Münster und New York City arbeitete er in Hamburg und Frankfurt für Lifestyle-Produkte, heute u.a. für Musikproduzenten und Verlage.